都會陽居風形精義

继大師 著

繼大師

《都會陽居風水精義》— 繼大師著

目錄

自序 ——《都會陽居風水精義》

繼大師

自從 2001 年至 2002 年著作了《大陽居水秘典》及《大都會風水秘典》兩書，並於 2017 年 7 月出版後，其餘還有多篇剖析都會格局、形勢及垣局等的文章，今匯集成一書，補充風水秘典二書所欠缺的內容。

是書對於世界各地不同的數個都會城市，都作出詳細描述，因地方太多，筆者只能揀選曾到過的城市作出分析，有：以色列、馬來西亞吉隆坡、惠州市、福州市，最後就是香港。

筆者繼大師身為土生土長的香港人，對香港環境認識較深，故以風水學理分析香港垣局地勢，其後又再將九龍塘垣局加以分析，及前港督府風水寶地、淺水灣露台餐廳等風水格局，最後就是前澳督府大鵬展翅穴、汕頭韓文公祠及老司城祠堂的風水。

是書前段七篇，闡述都會結作原理及都會格局，中段三篇陽居結地分析，最後兩篇就是祠堂選地。風水學理有：「朝北穴不畏風寒之原理、案山口訣及曠野之宅釋義、觀氣脈法、典型都會之結作、案山口訣及曠野之宅釋義」等，文章加上彩色相片，圖文並茂，內容豐富，在古籍中不常見。

現代人有衛星高空圖（谷歌Google Earth、高德）對於山川地勢瞭如指掌，容易掌握及了解，能分析更加透徹。此書名：

《都會陽居風水精義》

本人所付出的心血，難以估計！期望各讀者對於城市都會、陽居結地及祠堂風水等結構上的原理，能深入了解，有所得着，是為序。

繼大師寫於香港明性洞天
癸卯孟夏吉日

（一）都會的結作

繼大師

形成一個城市的基本風水因素，以山崗龍所結作的城市來論，有以下的風水原則：

「三閉一空」是基本因素 ── 三面環山，一面對空，空之一面，有長橫之矮山環繞，換句話說，是四山環繞，三面高，一面低，低之一面，是水流出口處，出水口不一定是在正前方出現。

如馬來西亞首都吉隆坡市，坐北向南（亥山巳向），來龍在該市之後面青龍方，由高約千七米近雲頂的火形山作祖山而來，水口在前方白虎方（西南偏南位）而出，經「巴生」流出大海。

四山之中間通常是平地，若出現湖、或海，則湖海中間要有島嶼出現，作為城市之案山，如福州市兩水相交經過中間之黃蓋山便是。

另有港口城市的結作，其原則如下：

（一）通常結在內陸近海岸的邊緣。

（二）在水流之出水口附近結埠。

（三）城市山環水抱，羅城環繞，亦是三閉一空。

（四）逆收源遠來水，是逆水格局。

逆水局如香港一樣，收珠江、東江、西江支流、北江，四江經虎門滙入伶仃洋，經蛇口、流浮山南下，再到大嶼山東涌，少部份水氣去西南方，澳門方，大部份水氣去東南方，即香港方，由東涌東北行經荃灣、汲水門、藍巴勒海峽至中環。

水流由維多利亞港西面至東面，西面來水濶，東面鯉魚門出水口窄，加上佛堂門有數個小島鎖水口，故水口緊密，主發福長久。

第二種情況是平洋地結埠，平洋地以水流為主，水流由山區方流去海洋方，由高向低流，筆者繼大師發現一般有三種情況結埠，原理如下：

（一）兩水相交是主要原理，大水流是主要骨幹，地氣沿水流而行，幹流遇支流，地氣便止，兩水相交後，交會入大水流，然後迂迴曲折而去，城市結於兩水相交處。如美國紐約市、中國韶慶之封開市。

（二）大水流源遠流長，一到近海邊處，水流突然作數個大迴環，屈曲有情，不見去水水口，然後再去數十公里至百里始出大海。如中國之上海、法國巴黎及泰國萬谷等城市。

（三）水流源遠流長，去到一處，兩水相交，後支流作一個大形四方形或長方形的形狀，若斷若續，四方形水流內，便是一個城市，環繞城市範圍之四方形水流則如山崗地形之護城山脈一樣，其道理是相通的，如中國的合肥市。

若能明白山水生氣凝聚的道理，便知城市結作原理。寫一偈曰：

三閉一空。大小相同。

重重下關。發福興隆。

《本篇完》

附垣局相片如下：

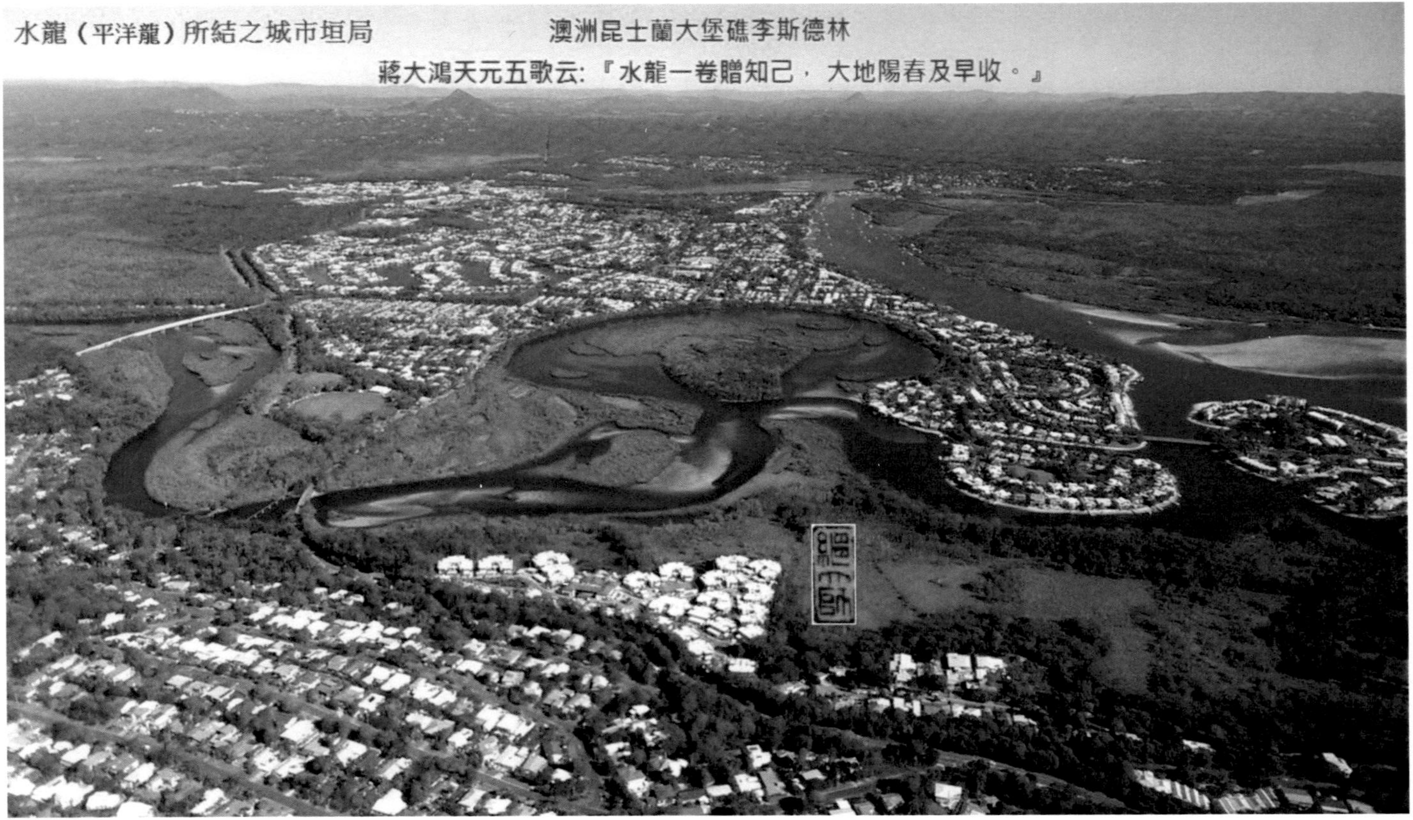

水龍（平洋龍）所結之城市垣局　　澳洲昆士蘭大堡礁李斯德林

蔣大鴻天元五歌云:『水龍一卷贈知己，大地陽春及早收。』

山崗龍所結的小垣局

山崗龍所結的城市垣局

（二）以色列的風水

繼大師

在偶然的機會下，去了以色列（Israel），此國位於亞洲(Asia)西部地域盡頭，西面接壤歐洲(Europe)板塊，西南部連接非洲(Africa)大陸地區，是亞洲、歐洲、非洲的交界位置，在古代他們稱為世界的中心，北靠黎巴嫩（Lebanon），東北為敍利亞（Syria），東與約旦（Jordan）接壤。

約旦河由北向南流，為以色列與約旦的分界線，巴勒斯坦（Palestine）領土的約旦河西岸地區和加沙地帶（Gaza Strip）與以色列各據東西，西南方接壤埃及(Egypt)。

約旦河北面為加利利海淡水湖，在水平線下 200 公尺，為以色列全國的食水庫，現時（2018 年 10 月）水位已低於紅線，到達黑線，用水緊張，湖之北面為哥蘭高地（Golan Heights），西北方為黎巴嫩（Lebanon），東及東北方為敍利亞（Syria），接壤兩國邊界。

由哥蘭高地下方的加利利海（Sea of Galilee）開始，約旦河流經死海（Dead Sea — 在水平線下 400 公尺），再經由 Evaporation Pools（繼大師註：蒸發池，在死海南部與死海相連，可以算是死海的一部分。）直至紅海（Red Sea)範圍，這整個地區的東面就是約旦（Jordan）。

以色列北部由哥蘭高地的約旦河由北向南流，經哥蘭高地下方的加利利海，至南部為死海，因為天氣乾燥，很少下雨，全年 9 至 12 月為雨季，中部地區雨量平均累計總雨量為 46 — 59 毫米，是為以色列雨量最多的地區，南部雨量更少，幾乎全是沙漠地區，平均每年下雨不超過一星期。

在以色列東南方的死海邊緣處，（繼大師註：即死海的西邊。）若下起大雨來，是非常危險的，因為地勢低於水平線，一下大雨，水位會突然暴漲，容易被困，甚至會被淹沒，由於天氣乾燥，雨量少，太部份海水被蒸發，現時死海的水位漸漸下降，範圍也逐漸減少。

由於雨量少，所以約旦河河水很窄，最窄的地方約有一至三公尺濶，它沒有成為乾流，已經很萬幸了，真的很難想像它是唯一的主要流河。

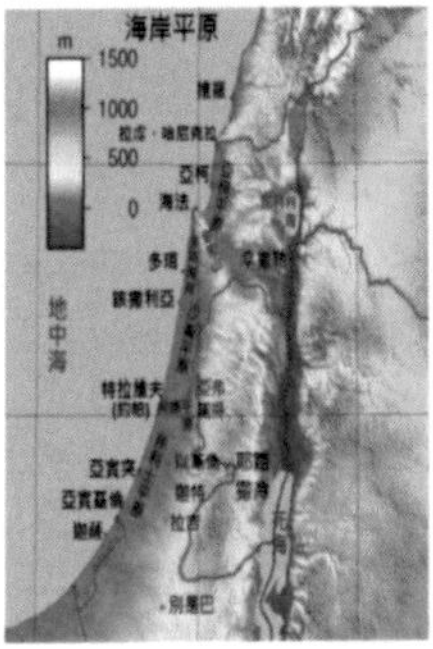
海岸平原
地中海

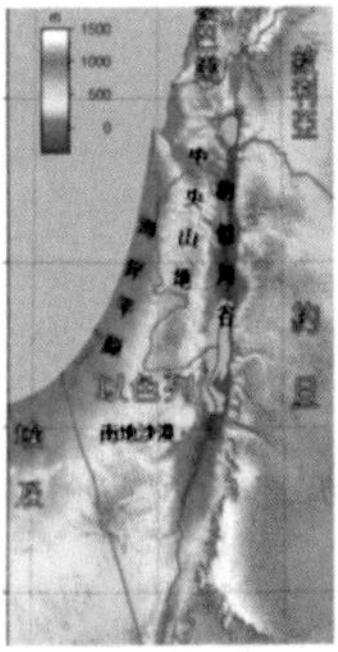
以色列

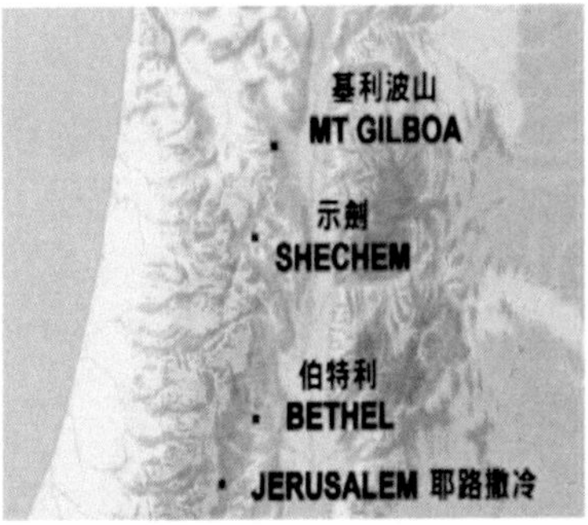
基利波山
MT GILBOA
示劍
SHECHEM
伯特利
BETHEL
JERUSALEM 耶路撒冷

以色列地形圖

Israel
MEDITERRANEAN SEA
SINAI DESERT
EGYPT

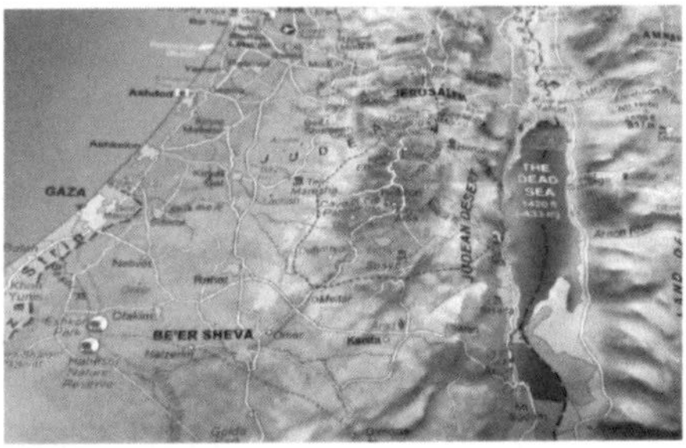
GAZA
BE'ER SHEVA
THE DEAD SEA

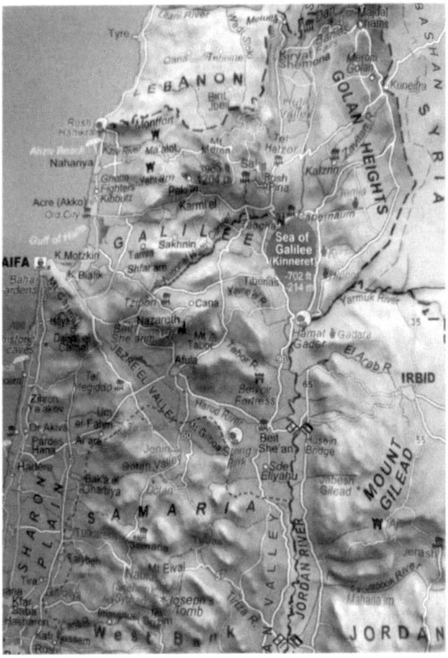
Tyre
LEBANON
GOLAN HEIGHTS
SYRIA
Nahariya
Acre (Akko)
GALILEE
Sea of Galilee (Kinneret)
IRBID
SAMARIA
JORDAN RIVER
MOUNT GILEAD
JORDAN

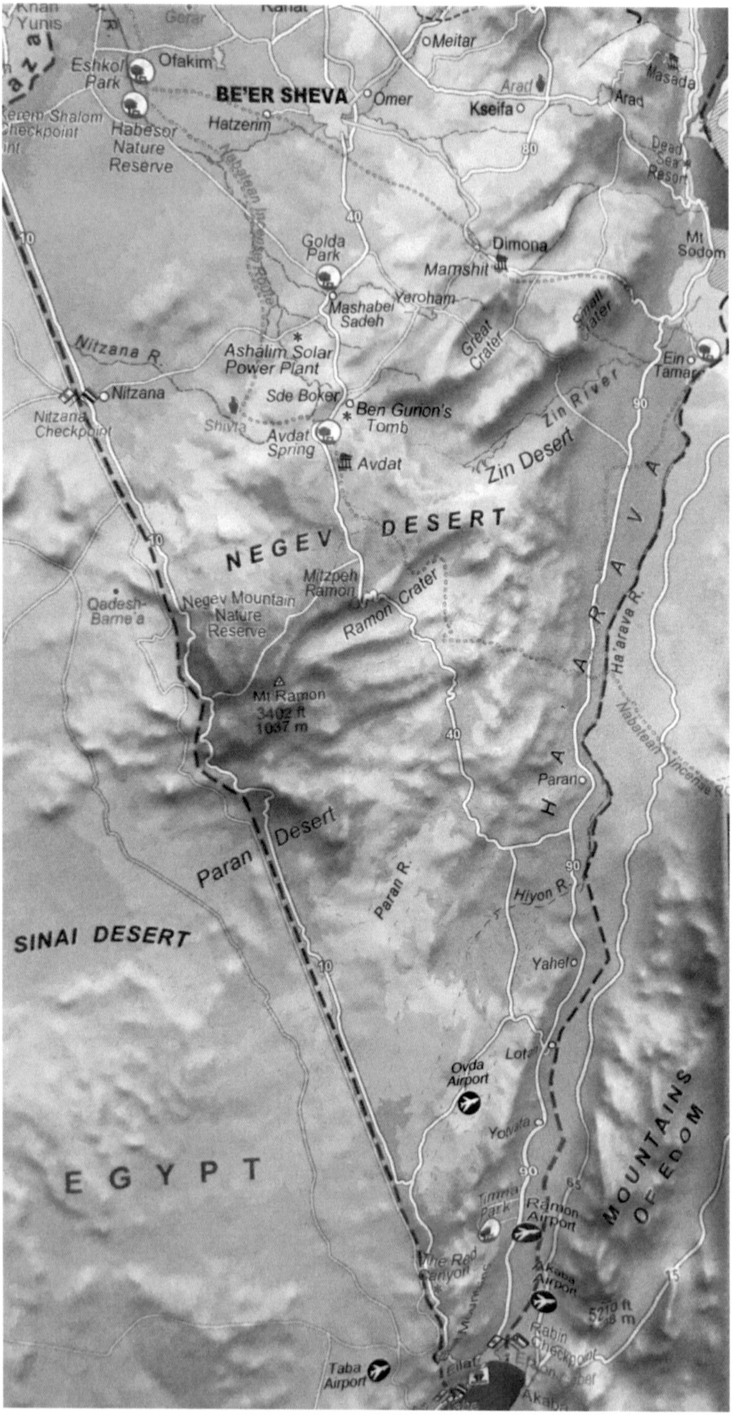

繼大師註：整個以色列地形，像密宗的法器普巴金剛杵，以色列約旦河由北向南流，水流爲南北向。

筆者繼大師在閱讀龍法的行龍心法口訣時，得知凡有兩水相夾而同時流動，中間必有地氣行走，以色列雖然只得約旦河由北方的哥蘭高地南流至紅海，但在西面是地中海，正符合了**「地氣在兩水相夾之地方，必有地氣行走在其中。」**的原則，這是風水學上的根本理論。

兩水相夾中的主要山脈，全在以色列由北至南的中央地帶，由Samaria（撒馬利亞）區的 Mt Eival 、Mt. Grizim（中部較高的地區）、West Bank 的 Mt. Ba、al Hatsor、耶路撒冷（Jerusalem ，以 Tempo Mount —— 聖殿山爲中心。）、Gush Etzion 、Bethlehem（伯利恆）。

整條龍脈由北向南行，到了 Kiryat Arba （希伯倫）、Susya 等地方已經全是沙漠，東面是 Judean Desert（沙莫地區），南部是 Negev Desert 、Zin Desert 及 paran Desert，直至紅海。

約旦河谷至紅海是一個南北的大深坑，雖然約旦河是兩國分界綫，但在東面約旦地區南北大山脈，把約旦與以色列分隔開。約旦北面的基列山（Mount Gilead）、中部的亞曼（Amman）、Mt. Neba（817

米）、摩押山（Mt. Moav）、Land of Moab 至南部的 Mountains of Edom（1688 米）至紅海，整條南北大山脈，在約旦河東岸，分開了約旦與以色列。

雖然這整條大山脈，寸草不生，接近沙漠地帶，但它是以色列中間南北山脈的主要守護山脈（護砂），因此以色列由北向南行的中央山脈，便有地氣行走在其中，得使在以色列中部地區（**繼大師註：包括耶路撒冷區域。**）能夠種植樹木，得以綠化。

以色列中央山脈地質有非常多的石塊，最北面的山脈多有黑石，北中部及中部全是白色石塊，有大有小，中南部屬於半沙漠地區，南部全是沙漠，可以說是一個出產石礦的國家，不過並沒有開採，最可惜的是天氣乾燥，雨量少，五行欠水。

若然天氣改變使雨水充沛，則環境會大大改變，真的很可惜！現在以色列已擴大發展海水化淡廠的工作，用人工將海水化淡，不過成本較高，但這是迫切需要的。

以色列內山巒較為有情的市鎮

繼大師註：左圖 Masada 馬薩達位於朱迪亞沙漠東側，臨近死海海岸，是在恩戈地與索多瑪之間的一座岩石山頂，底部西接本雅爾谷底，東南毗鄰馬薩達谷。馬薩達位於死海海平面 450 公尺以上。東側是懸崖，從山頂直下死海之濱；西側懸崖高約 100 公尺，位於山頂上之馬薩達古城，曾經被羅馬人攻佔，以色列人死傷無數，這裏地區接近沙漠地形。

山頂上之馬薩達古城

遠看正面的馬薩達古城（平土形）

繼大師註：一般以色列人的民居，大部份爲半沙漠地帶，近山頂位置爲高尚住宅地區。

一般以色列人的民居

在耶路撒冷城區，可以算是樹木最茂盛的地區，聖城的舊城區為中心區，來龍從北方來，南方去，整個舊城區從頂部向東面落脈，為耶路撒冷的中心區，北方來龍，脈落於東面，中心區的耶路撒冷舊城區（Jerusalem Old City）內有救贖主路德教堂（Lutheran Church of the Redeemer）、聖墓教堂（Church of the Holy Sepulchre），相傳是耶穌被釘十字架的地方，中央區域為八角形的回教金殿(Dome of the Rock)，三者幾乎在西至東的同一軸綫上。

路德教堂較高，再來是聖墓教堂，最下方是聖殿山（Tempo Mountain)金殿，金殿側之南為哭牆(Wailing Wall)，三者在中間的潤脈上，金殿建於一個很大的人工平托之上，有很高的三面方形圍牆包着，整個圍牆下方，全是葬亞拉伯人的墳場地方，地區範圍是南北長，東西短。

舊城區整個地形的最後方，有一大片由多個橫長而潤的金水形所組成的山丘作靠，由於山區範圍橫長，左右不遠處有山守護，青龍方為北面，南面為白虎方，水由左倒右，聖殿坐西向東，橄欖山為案山，案後有一朝山，整個大局為南北長，東西短。耶路撒冷舊城(Jerusalem Old City)與橄欖山(Mount of Olives) 中間有深坑，現建有公路，三者同屬南北向，深坑為主脈的界水，由北向南把耶路撒冷舊城的地氣止着，為山崗龍橫龍所結的城鎮格局。由於經過無數次的戰亂，城中加建、改建及重建基督教的聖殿的次數非常多，原來聖殿的位置雖然差不多在同一處，但可能有改變，據考古學家根據聖經的記載而發現，聖殿與現時的位置差不多是在較低處的地方，被四週群山所環繞及保護着。

由於耶路撒冷舊城方向是四正（東、南、西、北）向，是在來龍主脈中央位置，又是山脈過去非洲過峽的咽喉地方，符合了紫微垣局的結作條件，類似中國唐朝首都西安差不多，不過西安是南北短，東西長，大凡四正向度，龍運多能長久。

可能由於耶路撒冷聖殿向東的關係所影響，連以色列古老的地圖，上方的方向，竟然是東方，現時的地圖上方是北方，中國古代易經中的方向，上方是南方，下方是北方，以北方為君，南方為臣，坐北朝南為主。以色列使用的希伯來文，其讀寫是由右至左，與中國文字的閱讀方向相同。

由於大部份的教堂及聖殿方向朝東，整片大地屬於亞洲大陸的西邊，山脈全部由東向西而來，主脈又是南北向，向東是逆收所有來脈之生氣，可惜中東地方，全是沙漠，唯一的方法是用人工綠化。最奇妙的是，猶太教、回教、基督教三個宗教全與這裡有極深之淵源，三教均稱耶路撒冷為聖地，相信一定有它的原因。

繼大師註：此三幅古畫是在以色列一間酒店餐廳內所懸掛的，上圖是耶路撒冷聖城（LERUSALEM）古時的地貌，背靠山脈大幛，乾流之水從圖中之右方（北方）向左方（南方）流去，整個城市坐西向東，前朝橄欖山。中間圖片是俯瞰圖，圖片之左方爲東，右方爲西，水流從圖中的底部（北方）順弓形繞過聖城的中間向圖中的上方（南方）而去，環抱有情。第三幅圖片是全城之正面高空俯瞰圖。

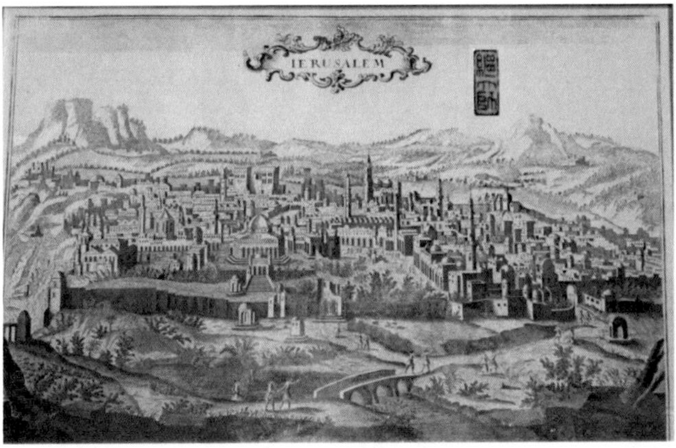

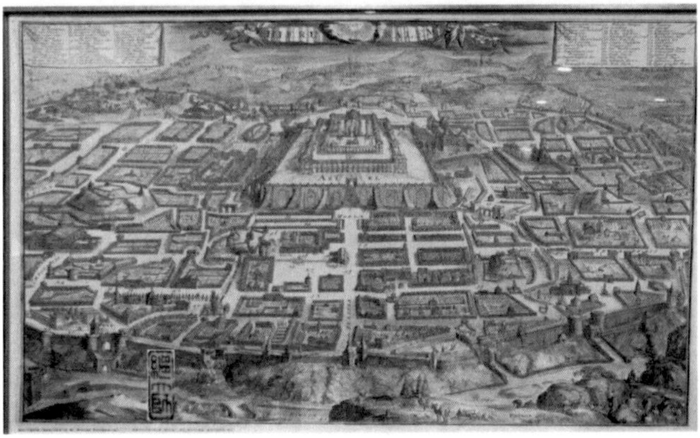

聖城耶路撒冷古圖

繼大師註：聖殿山上之岩石圓頂（Dome of the Rock）是一個伊斯蘭教聖地，位於耶路撒冷舊城聖殿山，於阿克薩清真寺近處，是耶路撒冷最著名標誌。圓頂並非清真寺，而是伊斯蘭教的聖殿（maqam）。

聖殿山的左邊為南方

金色的岩石圓頂為伊斯蘭教聖殿　坐西向東

聖殿山的右邊為北方

聖慕堂

聖墓教堂相傳是耶穌被釘十字架的地方

像骷髏頭的石崖像，認定為聖經所說的「各各他」。

耶穌葬地在耶路撒冷舊城外的花園墓/花園塚 (Garden Tomb)

耶路撒冷同一緯度的正東地區，正好是約旦河與死海地區的交接點，近卡利亞市（Kalia），而且又是先天八大卦的交界綫。死海是長橢圓形南北向，相信這些巧合並非偶然，配合這些條件，出人智慧聰明、剛強忠心，石多則人多頑強，不輕易屈服，聖經說這地方是上帝所賜給他們的。不過巴勒斯坦人在這裏已住了一千多年，究竟誰屬原居民呢！若能彼此和平相處互相接納，世界就沒有紛爭了！

以色列人口以2016年所統計，約有854.7萬人，中、上層人士所居住的地方，都在濶大圓頂的大山丘頂上，比較屬於較孤的地方，人多清貴，後方靠山缺乏，容易受到風煞的影響，但視野開放，空間廣濶，山區下方所居住的人比較屬於中下階層，除非是陽居結穴之地。以整個以色列的地形來說，就像密教的法器普巴金剛杵，由北向南地插在亞喀巴灣的紅海上面，是非常威猛的降魔杵。

假如你是風水師，你如何能修改以色列的風水，令祂成為更強大的國家呢！筆者認為秘密在於「水」，只要用人工方法，由亞喀巴灣不斷地引紅海之水北上入以色列，加上良好方向，經過長久的時間，有助緩和溫度，使雨量增加，使內海水份減少蒸發，再來就是綠化沙漠，化解戾氣，祥和之氣自然增加。

在未來公元 2044 甲子年立春開始，正式踏入小三元上元一白運，大三元四綠運，世界各地必有天翻地覆的轉變。

筆者繼大師曾經閱讀過著名佛教居士馮馮先生所著作的《虛空的雲》，馮馮先生生前曾經預言，將來以色列會遭到所有亞拉伯國家聯合圍攻，滿城皆血，國運大有變化，而聖經又曾預言，全國會面臨被毀滅的危機，此時彌賽亞耶穌會再次降臨這世界，去拯救以色列人，這時全國人都會相信耶穌為救世主，未知此預言會否成真，相信自有安排，一切都有定數。

繼大師註：約旦河是西亞地區的一條河流，在亞伯拉罕諸教歷史上，被奉為最神聖的河流之一；發源於黎巴嫩、敘利亞，流經以色列、巴勒斯坦、約旦，注入死海，全長 251 公里。由北向南流的約旦河，山巒大幛後方爲東面，是約旦之伊爾比德、傑拉升、安曼、米底巴等地。

加利利海爲淡水湖，在水平線下 200 公尺，爲以色列全國的食水庫，於 2018 年 10 月水位已低於紅線，若到達黑線，用水會更加緊張。

《本篇完》

以色列中部近北方之耕地

由北向南流的約旦河

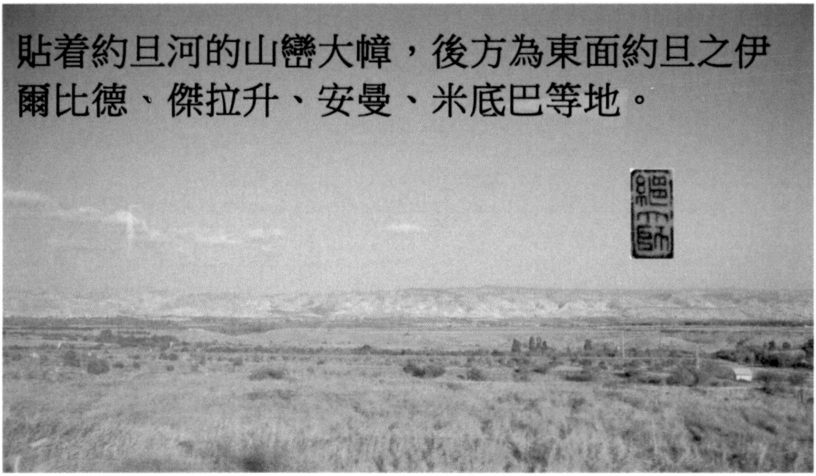

貼着約旦河的山巒大幛，後方為東面約旦之伊爾比德、傑拉升、安曼、米底巴等地。

以色列加利利海（Sea of Galilee）西邊之提比里亞（Tiberias）民居及山巒

以色列加利利海（Sea of Galilee）北面之迦百農（Capernaum）山巒

以色列北部民居

台拉維夫 以色列國防大樓

以色列首都台拉維夫

（三）馬來西亞吉隆坡垣局風水 —— 城市水法秘訣

繼大師

世界最高山峰為阿非爾士峰，位於喜馬拉雅山脈，為全球最高之山脈，源頭為額拉崑崙山，北面為塔克吉，西面為亞富汗，這兩國與中國邊境處，為喜馬拉雅山脈的發脈處，古代稱「忽嶺」，楊公說是「須彌山」，為天地的骨幹。東行入中國，造就出中國的繁盛，是世界上唯一僅存的四大文明古國，文化持續至今。

另一支主要幹龍經西藏南面，由西至東行，經林芝地區，然後轉向南面，經德欽縣南行經麗江市、大理市、雲南、西雙版納傣族自治區，再南行，一支夾長地脈經寮國、金邊至越南，結胡志明市。

另一支經緬甸及泰國曼谷，一直南下至馬來西亞半島，盡於星加坡，可以說是喜馬拉雅山南方的盡龍。馬來西亞柔佛州與星加坡之間有一海道，相隔很近，分界兩國，之間建有大橋，連接兩地。若然在馬來西亞柔佛州與星加坡是相連而之間沒有內海的話，那麼新加坡就不會獨立，內海分隔兩處地方，造就出新加坡的繁榮。聖淘沙島是新加坡最重要的護砂，亦是案山島嶼，印尼亦是星加坡的護砂大島嶼，中間形成馬六甲海峽，造就出航運業及星加坡的興盛，亦是戰略的嚥喉。

柔佛州是馬來西亞十三個州屬之一，位於馬來半島南部，和北部的彭亨、馬六甲和森美蘭接壤，與新加坡和印尼海上相鄰。新山是柔佛的首府及經濟中心，柔佛行政中心在依斯干達公主城，皇城在麻坡，舊首府在哥打丁宜的舊柔佛。

若然要改做風水，馬來西亞政府應該在柔佛州打做一個新城市，南北向，向度可參考中國北京城，柔佛州可以打做以新科技為發展中心的新城市，發展經濟，並且與星加坡關係保持良好，但憑現在馬來西亞的國力，還未有足夠能力，他們可以仿效香港和深圳的關係，共同發展，開創商機。

馬來西亞屬於接近赤道附近的地區，氣候多雨而炎熱，是熱帶雨林，最南面對岸之新加坡，為亞洲南方龍盡之地。整個馬來西亞半島，其最窄的地方在泰國南部之拉廊府、布吉市至宋卡府等地。

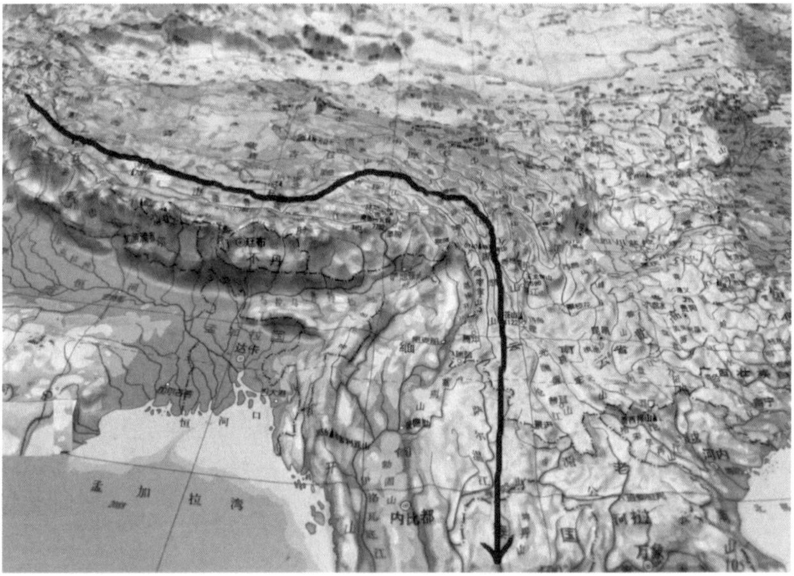

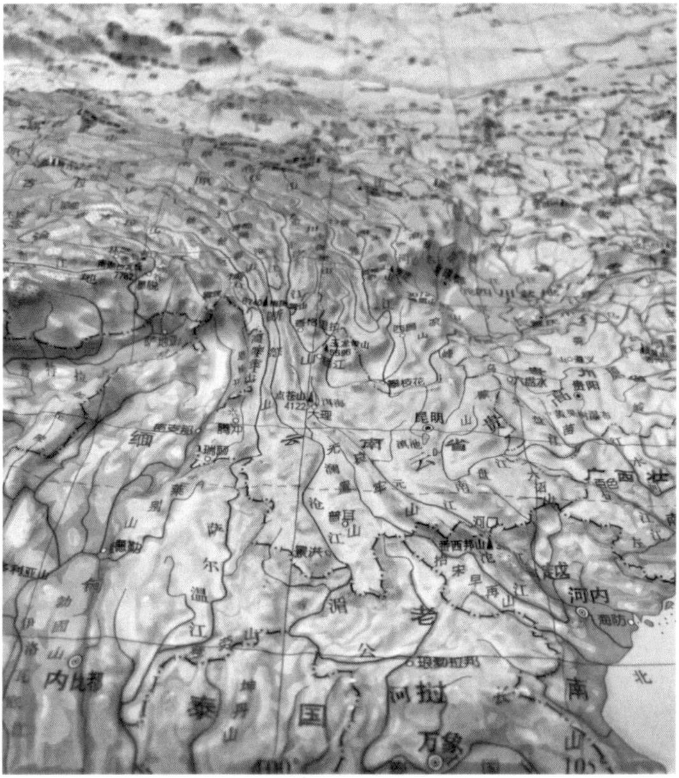

馬來西亞來龍由北向南來

繼大師註：計劃將會興建的克拉運河，在泰國南部近緬甸處有克拉地峽，在規劃中將會興建一條長102公里的克拉運河，位於泰國南部春蓬府和拉廊府的克拉地峽，是馬來半島最窄之處。東面是泰國灣（Gulf of Thailand），西面是安達曼海（Andaman Sea）。預計克拉運河開通後，船隻來往印度洋和南海，無須通過馬六甲海峽，縮短航程超過一千公里，大幅減少運輸時間和降低海運成本，對依賴中東地區石油供應的東亞國家更爲便利。如無別國政治干涉，若能興建完成，將會使泰國經濟更加興旺，因而截斷了新加坡的財路，若然新加坡政府得以參與興建，大家可互相共贏。

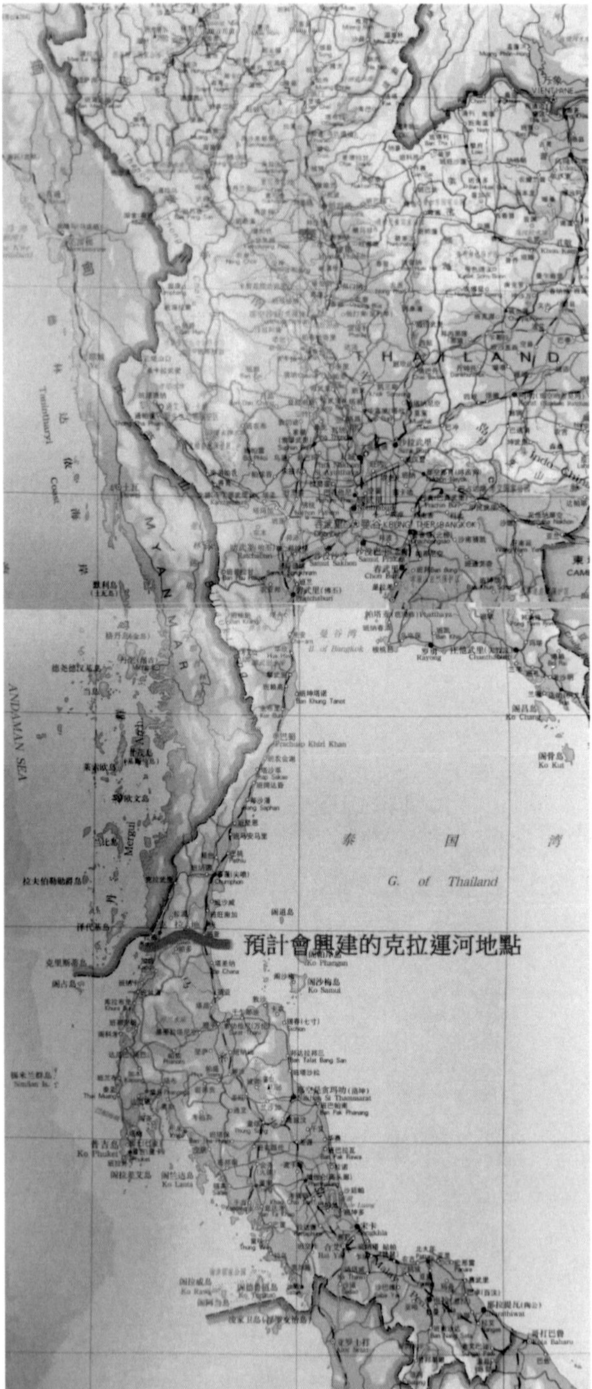

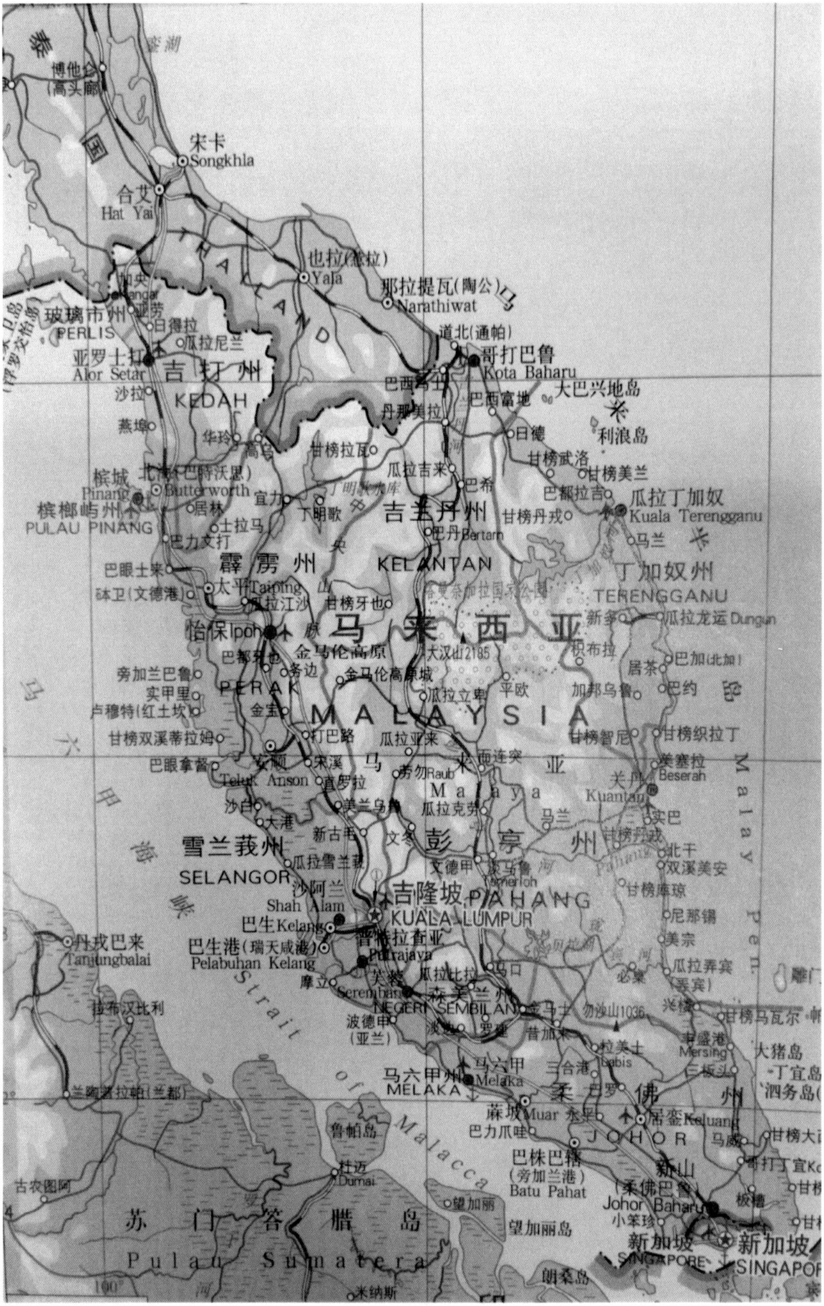
泰
国
博他仑
(高头廊)
宋卡
Songkhla
合艾
Hat Yai
THAILAND
也拉
Yala
那拉提瓦(陶公)
Narathiwat
玻璃市州
PERLIS
日得拉
瓜拉尼兰
亚罗士打
Alor Setar
吉打州
KEDAH
沙拉
燕埠
华玲
高乌
道北(通帕)
哥打巴鲁
Kota Baharu
巴西富地
大巴兴地岛
利浪岛
日德
甘榜武洛
甘榜美兰
巴都拉吉
瓜拉丁加奴
Kuala Terengganu
马兰
丁加奴州
TERENGGANU
新多
瓜拉龙运 Dungun
甘榜拉瓦
瓜拉吉来
巴希
丹那美拉
槟城
Pinang
北海(巴特沃思)
Butterworth
槟榔屿州
PULAU PINANG
居林
宜力
下明歌
吉兰丹州
KELANTAN
甘榜丹戎
巴丹 Bertam
士拉马
巴力文打
霹雳州
巴眼士来
太平 Taiping
甘榜牙也
瓜拉江沙
怡保 Ipoh
马来西亚
MALAYSIA
金马伦高原
大汉山2185
巴都牙也
务边
旁加兰巴鲁
实甲里
卢穆特(红土坎)
PERAK
金宝
打巴路
甘榜双溪蒂拉姆
巴眼拿督
安顺
Teluk Anson
宋溪
直罗拉
瓜拉亚来
劳勿 Raub
马
来
亚
Malaya
文冬
沙白
大港
新古毛
瓜拉立卑
平欧
加邦乌鲁
巴约
居茶
巴加(北加)
甘榜智尼
甘榜织拉丁
美塞拉
Beserah
关丹
Kuantan
实巴
北干
双溪美安
彭亨州
PAHANG
瓜拉克莱
淡马鲁
Temerloh
雪兰莪州
SELANGOR
瓜拉雪兰莪
沙阿兰
Shah Alam
吉隆坡
KUALA LUMPUR
巴生 Kelang
巴生港(瑞天咸港)
Pelabuhan Kelang
普特拉查亚
Putrajaya
丹戎巴来
Tanjungbalai
芙蓉
Seremban
森美兰州
NEGERI SEMBILAN
摩立
波德申
(亚兰)
瓜拉比拉
马口
瓜拉弄宾
(云宾)
美宗
尼那锡
甘榜庶琼
马六甲州
MELAKA
马六甲
Melaka
拉美士
Labis
勿沙山1036
兴楼
丰盛港
Mersing
甘榜马瓦尔
大猪岛
丁宜岛
酒务岛
巴罗
柔
佛
州
麻坡
Muar
巴力爪哇
居銮 Keluang
JOHOR
巴株巴辖
(旁加兰港)
Batu Pahat
新山
(柔佛巴鲁)
Johor Baharu
小笨珍
新加坡
SINGAPORE
拉布汉比利
兰卿若拉帕(兰都)
鲁帕岛
杜迈
Dumai
Strait of Malacca
马
六
甲
海
峡
望加丽
望加丽岛
朗桑岛
古农图阿
苏门答腊岛
Pulau Sumatera
米纳斯
Malay Pen.

西馬來西亞

東西馬來西亞位置圖
香港 Hong Kong
澳门 Macau
东沙群岛 Dongsha Qundao
河内 HA NOI
海防 Hai Phong
北海 Beihai
湛江 Zhanjiang
北部湾
海口 HaiKou
海南岛 Hainan Dao
三亚 Sanya
万象 VIENTIANE
清迈 Chiang Mai
Indo-China Pen.
泰国 THAILAND
LAOS
VIET NAM
岘港 Da Nang
归仁 Quy Nhon
芽庄 Nha Trang
曼谷 KRUNG THEP (BANGKOK)
柬埔寨 CAMBODIA
金边 PHNUM PENH
泰国湾 Gulf of Thailand
胡志明市 T. P. Ho Chi Minh
南海
西沙群岛 Xisha Qundao
中沙群岛 Zhongsha Qundao
黄岩岛
SOUTH CHINA SEA
南沙群岛 Nansha Qundao
曾母暗沙 (中国)
马来西亚 MALAYSIA
吉隆坡 KUALA LUMPUR
Malay Pen.
斯里巴加湾市 BANDAR SERI BEGAWAN
哥打基纳巴卢 Kota Kinabalu
山打根 Sandakan
古晋 Kuching
加里曼丹岛 Pulau Kalimantan
Greater Sunda
雅加达 JAKARTA
LAUT JAWA
泗水(苏腊巴亚) Surabaya
~~望加锡 (乌戎潘当) Makassar~~

若然在這處選擇沒有山群的平地地方，繞過或穿過山群，或建造水路航運隧道，由拉廊府至春逢府之間建一人工運河，打通東西兩海，必然利益航運事業，國家必定會富強起來，但截斷新加坡馬六甲海峽的航運利益，在風水上來說就是「截水」。

馬來西亞半島像一個番薯，來龍脈氣非常綿長，由北向南來，西北方是吉打，東北方是吉蘭丹，脈氣以馬來西亞半島在西邊由北向南之山脈脈氣最厚最強盛；東邊沿岸地區，北面為泰國灣，中間及南面東邊沿岸地區面對南海之南。

整條山脈由北向南行，由泰國入馬來西亞境內，在巴東勿剎（Padang Besar）向東南方前行，經高烏（Pengkalan ）、Hulu、Gerik ，然後向南方擺動而行，經瓜拉江沙縣（Kualu Kangsar），主峰為楊巴峰（Gunung Youg Belar）海拔高度為2,181 公尺，此地是來龍變化的最重要之處。

楊巴峰山下西南方，結怡保市，怡保市北全是像中國的桂林市地貌，山丘地勢奇特，山丘像各種飛禽走獸，大象、小象、猩猩、獅子均出現，市雖是南北向，但垣局南北長，東西短，沒有大水流在市中出現，其實可以加建人工大湖，改做風水，使生氣凝聚。

從楊巴峰祖山再往南方（丙兼巳方），至雲頂高原（Genting Highlands）再起出祖山。

繼大師註：雲頂高原，英語：Genting Highlands，馬來語：Tanah Tinggi Genting，位於馬來半島海拔 1,865 公尺以上的蒂迪旺沙山脈，是馬來西亞彭亨州文冬縣的著名高原旅遊區。

雲頂高原南方頂部近盡脈之處，有一大平地，雲頂賭場、酒店及所有娛樂設施之建築物，就在其中，賭場平地前方不遠處有一案山，正朝雲頂賭場正門入口，雖然大門前對着照壁，貼着照壁後方建有水池，門口方向為巳山亥向，是逆水局，終年雲霧不散。

山頂平地的天氣較為清涼，可以消消暑氣，適合旅遊渡假，但可惜賭場向度還欠少許，賭場入口之門頂天花頂上，放有符咒等物件，不易被人察覺，故賭客很難贏錢。

沿雲頂高原分出一支西南方脈（申方）至萬撓（Rawang）為吉隆坡之上手砂。再經過雙溪毛糯（Sungai

雲頂度假勝地

雲頂度假勝地的白虎砂

雲頂賭場

雲頂賭場案山

雲頂賭場前方白色照壁下方有水池

雲頂賭場入口前方有案山

雲頂賭場下方路旁有賭場老闆林梧桐陵園

吉隆坡雙峰塔　　馬來西亞吉隆坡市中心

吉隆坡市東面垣局山巒　　吉隆坡市中心以北的大水池

吉隆坡市東面垣局山巒　　吉隆坡市東南面垣局山巒

馬來西亞市中心區，遠處有山脈關攔。

馬來西亞市中心區，右上角為雙子星塔。

吉隆坡近市郊邊緣，多層橫案山脈關攔。

吉隆坡市中心區，右上方為吉隆坡塔。

Buloh）、實地阿南（Setia Alam）至英達島（Pulau Indah），巴生（Klang）為吉隆坡（Kuala Lumpur）城市的出水口，

另一分支山脈由雲頂高原繼續南行，經安邦（Ampang）、蕉賴九哩（Cheras）、雙溪龍（Bandar Baru）、士毛月（Semenyih）、萬宜（Bangi）、文丁鎮（Mantin），然後西行，經Labu Bandar、Baru、Enstek、雪邦（Sepang），側鄰為機場（Aeropolis Airport），北上經龍溪（Dengkil）、至沿岸地區，萬津（Banting）至Carey Island，英達島（Pulau Indah）、巴生（Klang）。

這些山脈還繞着吉隆坡城市（Kuala Lumpur），巴生是城市大局的出水口，外有英達島（Pulau Indah）、吉膽島（Pulau Ketam）Pulau Klang島、Pulau Tengah島、Pulau Selat Kering島、Pulau Pintu Gedong島、Carey Island等島嶼，全部都是吉隆坡城市西南方的下關水口砂。

吉隆坡三面環山，一面略空，空之一面是巴生，是山崗龍結地的大垣局，來龍在該市之後面青龍方，由高約千七米近雲頂的火形山作祖山而來，水口在白虎方（西位）而出，經「巴生」流出大海，有長

橫之小島闕欄。馬來西亞選擇吉隆坡作為首都，是非常適合的，垣局很大，山脈重重環繞，可惜的是，吉隆坡市，坐北向南（亥山巳向），並非子山午向，在線度上有所欠缺，這足以影響這個國家在世界上的地位。

在馬來西亞垣局北面的中間位置，有黑風洞，它處於一個非常重要的位置，是來龍變化之地，若然不在此建立印度教聖地，恐怕山丘會遭到破壞，嚴重影響馬來西亞首都吉隆坡的風水，無形中保護了當地的風水。

黑風洞（馬來語：Batumalai Sri Subramaniar Swamy Devasthanam、Batu Caves。）是個擁有一系列洞穴與寺廟的石灰岩山丘，位在距離馬來西亞吉隆坡北方 13 公里的雪蘭莪州鵝嘜縣。其名「Batu」來自於山丘旁的峇都河。

此外黑風洞也是當地的村名，又稱「峇都喼」。黑風洞為印度以外著名的印度教聖地之一，祭祀「室建陀」。

黑風洞供奉印度著名印度教的神祇「室建陀」

黑風洞石山

象鼻財神

繼大師註：馬來西亞吉隆坡垣局三面環山，三閉一空，城市大向，坐廿四山之北方「亥」位，大局向南方之「巳」位，水走西南方，爲吉隆坡之出水口，地名「巴生」，全是平地，很少山丘，中有一個公墳。水出至馬六甲海峽，共有五個島嶼，爲吉隆坡的下關水口砂。

吉隆坡市南面遠處山巒

吉隆坡市北面遠處山巒

馬來西亞境內的水流

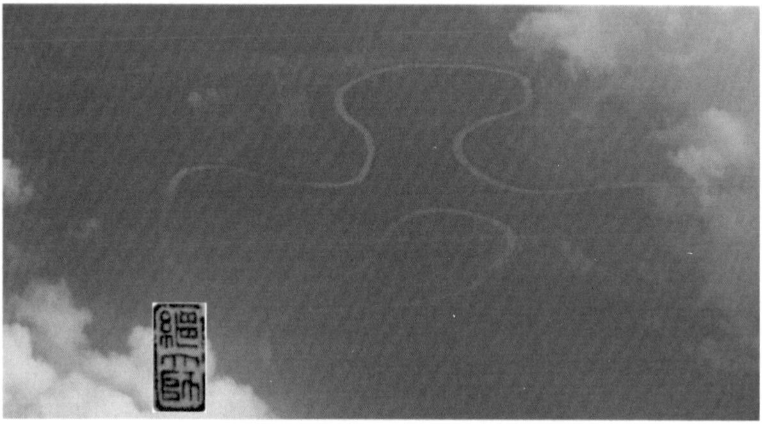

若結穴則是平洋龍結地

從飛機上看去的沙巴神山

吉隆坡是山崗龍結地的一個大垣局，出水口在巴生，筆者繼大師在勘察吉隆坡市的時候，發覺竟然沒有一條大河，只有小水流，近整個垣局中心處，有警察訓練學校，其附近在藍色頂建築物前方，有一不甚大的湖，生氣凝聚其中。

筆者繼大師曾登上高度 421 米的吉隆坡塔俯瞰整個市中心，比起吉隆坡雙子塔的 100 米高觀景台，視野更為廣闊，可清楚勘察整個吉隆坡市大局，吉隆坡塔主要作通訊塔用途，有 276 米高的觀景台，開放供遊客參觀，可以 360 度視察整個吉隆坡市中心的垣局地形。

據本人在風水上的經驗，一個首都城市，必須要有大河流貫穿其中，彎彎曲折，使城市內生氣充滿，然而吉隆坡只得垣局生氣凝聚，一下大雨，雨水多從地下水道散去。樗里子著**《風水口義》**（珍藏古本堪輿秘笈奇書》士林出版社 685 — 693 頁）有云：

「凡山川。以得水藏風為主。……風生於水。水免乎風。風於形。水有跡。以有跡測無形。此古法也。…… 生氣之乘。視風水之來去。水去則風來。水來則風去。風來凶。水來吉。」

這**「風來」**則**「水去」**，而生氣散去；若**「水來」**則**「風去」**，生氣聚也。筆者繼大師現公開城市水法秘訣如下：**「若市內有湖，則引水流入湖中，來水源源不絕，生氣更能凝聚；再引小水而出，連接細小水流，則生氣有來、有聚、有散，生氣久久不散，財運自然佳。」**

南方國家，因天氣炎熱，人民因受天氣影響，自然勤奮力不足，若要改善經濟，必須勤奮為主，國家若要富強，必須配合國情、民情及宗教信仰等，領導人亦非常重要，清廉為要，必須天地人三者配合，馬來西亞資源豐富，有待開發，依時運而起伏，風水只佔三份之一，但無論如何，吉隆坡作為一個首都城市，雖然只欠長運的向度，但在選址上，都是一個好地方。

繼大師註：公元 1841 年被英國人詹姆斯·布洛克（James Brooke）與他的後代統治，公元 1888 年，沙勞越與沙巴成爲英國的保護國，沙勞越原是汶萊王朝屬地，公元 1920 年，東、西馬來全被英人控制。1930 年馬來西亞人在第二世界大戰末期，國家主義運動興起，於 1957 年爭取獨立而組成馬來亞聯邦，1963 年，馬來西亞正式成立。時爲上元五運（1944 年至 1964 年）五運前十年歸四運管，五運後十年歸六運管，1954 年轉入下元，爲六白運所管，剛好獨立，國家爲下元開運。

東馬來西亞沙巴，舊名「北婆羅洲」，位於婆羅洲島北部，是馬來西亞的三個邦屬之一，其西南方是砂拉越邦，南面與印度尼西亞的北加里曼丹省相接壤。位於馬來西亞北婆羅洲沙巴的京那巴魯國家公園內，婆羅洲最高之山峯，高度爲海拔 4095.2 公尺，名「神山」原名京那巴魯山，又譯京那峇魯山、基納巴盧山、金乃巴羅山，爲整個婆羅洲島嶼之祖山。

《本篇完》

沙巴市景

沙巴市垣局後方來龍靠山

雲頂賭場下方的屋苑山巒

東馬沙巴神山西面山巒

不同角度的雄偉神山

（四）惠州市的結作 —— 結都市之原理

繼大師

惠州市位於珠江三角洲的東北端，有兩千多年歷史的文化古城，西湖是惠州市的心臟區，與杭州、穎州的西湖合稱中國三大西湖，惠州西湖原是西枝江改造後的古河道，在東晉初（公元318年）已有湖光山色的記載，惠州又名「鵝城」。

相傳古代有一位仙人騎着一隻大木鵝臨城外，仙人忽然不見了，而大木鵝依西湖邊化成一座山，這就是現在的飛鵝嶺。此嶺在惠州西湖之西南邊緣，三面環水，山形似一隻翹首張翼浮游於水面的大飛鵝，而筆者繼大師之祖上三代均住惠州西湖側，地名「下角」。

據家父説，祖父年青時，正當孫中山先生革命時期，將滿清推翻之後數年，全城鬧飢荒，因此太公把當時約五歲大的七叔公賣去博羅，得以維持生計，七叔公年紀雖小，依然偷走步行回家而歷盡辛酸，現已是一個九十多歲移居新加坡之海外老人（繼大師註：2015乙未年，他剛好一百歲在新加坡逝世。）而這飛鵝之傳説，帶出惠州當時流行之一首風水詩：

鐵鍊鎖孤州
飛鵝水上浮
任憑天下亂
此地永無憂

而惠州，曾是宋朝偉大詩人蘇東坡第三次被降官並充任惠州建昌軍司馬之處，亦曾是國父第一次革命起義之地，由於西枝江之小水流匯入東江大水流，經過博羅，沿西邊經石龍出珠江，相滙後出虎門到珠江口外的伶仃洋。

當惠州西湖下雨而水滿時，湖水經五眼橋而出東江，因此石拱橋下有五個孔，故名五眼橋，（即近**惠州大橋不遠的地方，但不知道現時是否被拆除。**）這五眼橋正是當年抗日戰爭日軍行刑之處，據說這地時常鬧鬼。

因惠州處於兩水相交處，正是生氣凝聚之地，據恩師 呂克明先生云：**「凡兩水相交而滙一水而出，必有地氣所在。」**又因大水交小水，生氣始能聚，幹水使生氣行走，但不停留，小水交入大水，生氣融和而停蓄止聚。

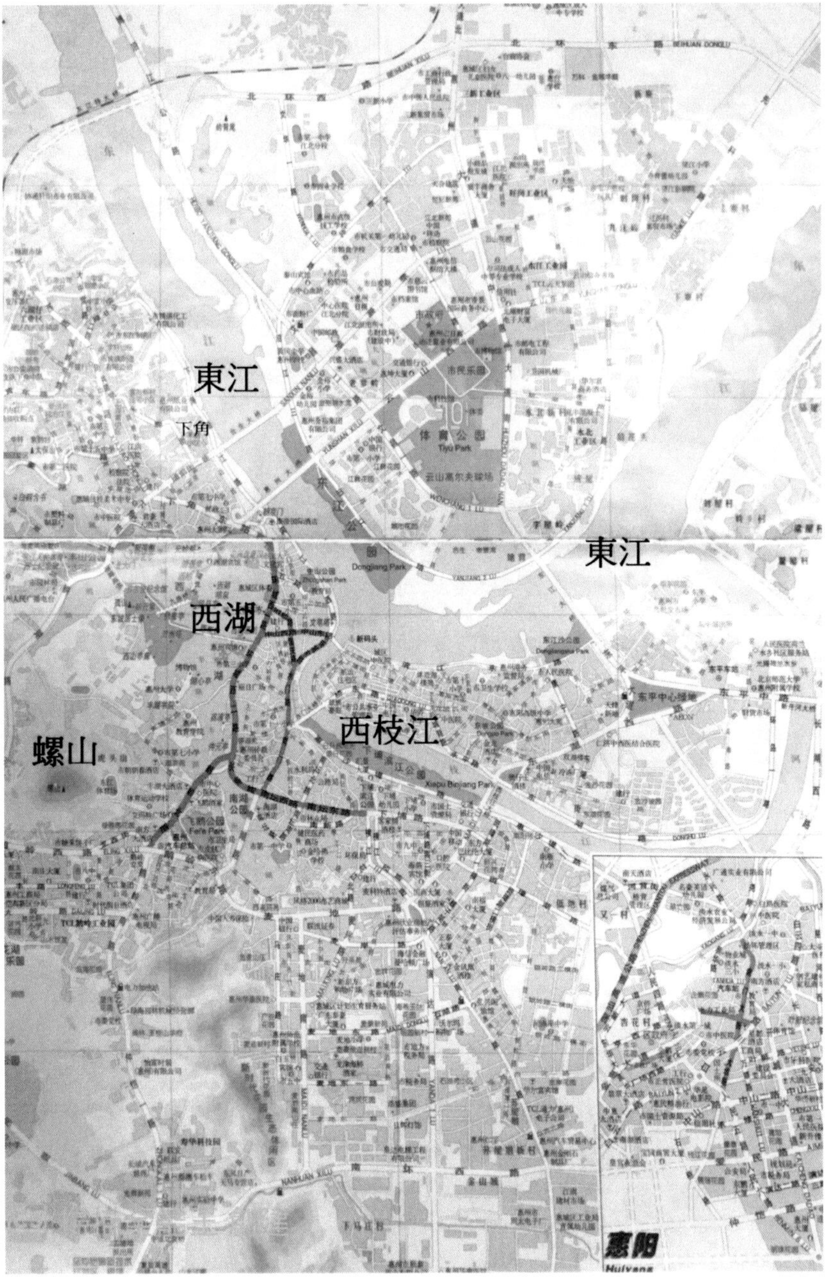
東江
下角
東江
西湖
西枝江
螺山
体育公园
Tiyu Park
Dongjiang Park
Xiapu Binjiang Park
惠阳

惠州地圖

後方為惠州屏障象頭山

惠州西湖一角

惠州西湖後方為螺山

在曾求己（曾文辿之父親）著**《青囊序》**（《地理辨正疏》蔣大鴻註，張心言疏，武陵出版社印行，第 120 — 121 頁）中有云：

「天上星辰似織羅。水交三八要相過。水發城門須要會。卻如湖裡雁交鵝。」

在蔣大鴻先師之註解謂：

「大幹小支。兩水相會。合成三叉而出。所謂城門者是也。湖裡雁交鵝。言一水從左來。一水從右去。兩水相遇。如鵝雁之一往一來也。詳言水龍審脉之法。而立穴之妙在其中矣。」

首先，在惠州西北約 60 多公里處，有「百粵群山之祖」所稱之「羅浮山」，是嶺南宗教聖地，據統計數字顯示，它有 432 座山峰在其間，更是惠州之祖山，而行龍至離惠州西北約 30 公里處，起一少祖山名「象頭山」，屬羅浮山支脈，為惠州之後靠屛幛，後再南行到西枝江流入東江，有西湖及其他五湖（繼大師註：五湖爲菱湖、鱷湖、平湖、豐湖及南湖。）把西北及北西群山之地氣全止着，正是**「界水止來龍。」**

這小支入大幹之江水，止着龍脈地氣，正是以上《青囊序》中所説之理，而惠州之朝山，正是在西南方之掛榜山，即天馬山，這樣之格局，是結作城市之地，綜合其原理，繼大師認為是：

（一）來龍由羅浮山來，到象頭山成天然大屏幛，有來龍靠山。

（二）西枝江水交入東江水，而西湖等諸湖，正止着來龍氣脈，有水流相交。（繼大師註：不排除惠州西湖是人工做出來的。）

（三）前朝掛榜山為朝山，亦比來龍象頭山低，賓主分明，而從惠州回看象頭山屏幛，常有雲氣飄忽，有屏幛、朝山。

在**《地理大全要訣》〈卷一龍法〉**之**〈論幹龍〉**（華成書局發行，第5頁。）有云：**「幹龍有二。大幹者即幹中之幹也。其祖皆出名山。跨州連群。延袤幾千百里。**（繼大師註：袤音茂，指橫長。）**迺正氣鍾靈。為瓊然高廣。每有雲霧發現。經云。先尋霧氣識正龍。此察識幹龍祖宗之大法也。」**

這**「先尋霧氣識正龍」**，正是羅浮山的寫照，（繼大師註：羅浮山爲幹龍之祖山。）這象頭山是幹中之幹，故常有雲霧之氣在頂上，而地球北半球最多高山，中國之喜瑪拉雅山及客拉崑崙山，是世界最高之山脈。

據古籍記載，古代稱昆崙山，又稱蔥嶺，它有三大帝皇龍入中國，由西至東及南面地域，分別結京都大郡、省城、郡邑、鄉村、市井、縣、鎮等無數垣局。在**《地理大全要訣》〈卷一龍法〉**之**〈論幹龍〉**（華成書局發行，第 5 頁。）有云：

「廖氏云。幹龍住處分遠近。千里為大郡。二三百里可為州。過此即封侯。百里只可為縣治。下此為鎮市。其分去之龍。亦各隨正幹大小而有差別。

如正幹龍去作京都。則其龍身分去小幹為省城。而省城龍身分去為郡邑。郡邑龍身分去為鄉村市井之類。」

這羅浮山以北約 240 公里處有大庾嶺，其位置在廣東省以北近南雄與江西省以南之大余地方中間，而大庾嶺是古代由北方赴廣州的必經之路，當年（公元 1094 年）蘇東坡第三次降官調任惠州建昌軍司馬時，他就是南經大庾嶺，再經廣州而到惠州的，大庾嶺又連著南嶺群山，廣東省在南嶺之南，故廣東人又稱「嶺南人」。

（繼大師註：「嶺南人」一詞曾在蘇東坡詩句中出現。詩曰：羅浮山下四時春。盧橘楊梅次第新。日啖荔枝三百顆。不辭長作嶺南人。）

大庾嶺相連南嶺，是大山脈群，南行險要之道。大庾嶺南行約 100 公里有山名「九連山」，山亦常有雲霧，亦屬於羅浮山之來龍祖山，雖然惠州市所結是市，但不及廣州市及潮州，更何況是香港及深圳，這當中都關係到「水流」的問題，水是龍之血脈，而在兩水雙夾中必有龍行，而龍行水隨之，水走龍亦走之。

廣州市近沙河有白雲山，南有珠江，西有北江、西江支流，東有東江，所有江水全滙而出珠江口虎門到伶仃洋出南海，香港剛在珠江之東，大嶼山為珠江口虎門的逆水砂，澳門亦在珠江口之西，所以一個都會之結作是關係到：

惠州西湖邊的惠州祖山

惠州西湖拱橋

惠州泗洲塔

橫跨惠州市東江的新大橋

近五眼橋東江邊之下角所重建之人工文筆塔

(一)來龍靠山(山羣)之大小、高低,長短等。

(二)水流之方向,大小、出水口、逆水砂(羅星、北辰等)。

(三)來龍山脈與對朝之群山,其中間有水流,或江河、湖海等,又有平地在中間,或兩岸對朝中間山水相聚,或有平原在中間而遠處有群山環繞,平原中又有流水,或多或少,或大或細。

以上之要點均關係到一個城市之結作,雖然惠州所結的,不是大都會,但其結作原理是一樣的,而一個城市之發展,亦關係到其地運,而山峰及流水,是構成其地運之主要因素,這地利是三份之一,其餘是人為因素,統治者之政策,土地之開發及用途等,是否能善用地利環境,這便是地理風水之道。

但是最重要的就是天時,這關係到整個地球的變化,其變化又受到星球間之引力所影響,若地方長期乾旱,草木不生,加上炎熱及大風,勢必成為沙漠。古語云:

「人法地。地法天。天法道。道法自然。」

「法」即仿效之意，所以天時為第一，地利及人和為次，三者得之，冠稱天下。而風水地理是一門極深奧的學問，深知地道者，天下間的盛衰，盡在心中矣，難怪真是天機。

寫到此處，不得不讚嘆先賢的風水明師，這大地的智慧，非一般的世間智，而宇宙的大智慧，包括地學，能洞悉天下萬事萬物的，就是如來的大圓鏡智，正是：

「生死自主。明心見性。跳出三界外。不在五行中。」

這「五行」之數，不可逃也，冥冥之中有因果在主導，這就是命運！

《本篇完》

（五）福州市地勢之風水結作原理 —— 典型都會之結作

繼大師

福州市位於福建省東北部，是福建省的省會，在公元前 202 年間，有越王勾踐的後代無諸，在福州築城建都，稱為「冶城」，到北宋治平三年（公元 1066 年）太守張伯玉，因感覺在炎夏之天氣太熱，便號召百姓種植榕樹，以榕樹作散熱用途，可綠化城市，故有「榕城」之稱。

市區內有于山、屏山、烏石山三山鼎立，因而又有「三山」的別稱，遠在一千七百多年前，西晉風水祖師尚書郎郭璞（公元 276 － 324 年）在《遷城記》中有「左旗右鼓。全閩二絕。」的記載。「左旗」是指旗山，「右鼓」指鼓山，是環繞福州市內的重要山脈，亦是福州市內水口兩旁的華表砂，為桿門守水口。

福州市之地形，中間市中心是一片大平地，是福州平原，西北面有貓鼻山（411 米）、旗崗（615 米）、大腳山、大泡頂（326 米）、鯉峰、科蹄山、大腹山、金牛山；遠方有白雲山、石牛山、壽山；北面有五風山、湖頂山（高 601 米）、羅漢山、澗田山、泉頭山，遠方有嶺頑；東北面有古倉尾、筆架山（高

571米），遠方有鼓嶺山脈、青芝山；東面有鼓嶺山脈、鼓山（繼大師註：最高爲絶頂峯，高919米，筆者繼大師曾到鼓山山嶺上的湧泉寺勘察，爲虛雲和尚出家之地。）西面有大峽山、天台山、白雲山、白岩山。

西南面有妙峰山、鬼洞山、旗山（高755米）、旗山風景區（高353米）、筆架山、精岩山（高492米）；南方有高蓋山，黃山、兔耳山（高675米）、龍山、青雲山、大帽山、雙貴山（高803米）、上大湖山、五虎山脈（尾虎頂高611米）、岐尾虎（高568米）、白面虎（高569米）、一虎（高546米）、二虎（約高五百多米。）、象鼻山，遠方有石竹山，東南面有長樂市山脈、琅岐島山脈，市中心又有烏山、大夢山、屏山、後縣山、于山，文林山，均是小山丘，而金鷄山是由古倉尾及泉頭山在東北面而向西南方落下之餘脈，可謂群山環繞。

福州市之西北方有閩江，是福建省最大河流，主幹長577公里，發源於福建、江西交界的建寧縣均口鎮。閩江由建溪、富屯溪、沙溪三大主要支流合成，穿過沿海山脈至福州市南台島分南北兩支，至羅星塔再復合為一，折向東北流出琅岐島注入東海，以沙溪為正源，流域面積超過6萬平方公里闊，約佔福建全省面積的一半。

在福州市之西南方，又有大樟溪，從青雲山處流入烏龍江，閩江則在白雲山與石牛山中間流入福州市，其流水自武夷山之山脈，而武夷山是全福建省最高之山，其最高之山峰是黃崗山，為福建省的祖山，高 2157 米。

武夷山在福州市之西北方，而閩江則集眾支流之水而來，流至福州市分出兩水流，由西至東環抱福州市，近福州市之水流仍是閩江，另一支流是烏龍江，而大樟溪由西南方而來，流入烏龍江，閩江與烏龍江之中間有一長島，名南台島，島形自西北至東南，形狀如河豚；此被水流環繞的河豚地形，是守護整個福州市之地靈命脈，至為重要。

換句話説，南台島全被水流環繞，筆者繼大師認為它真的是一個內陸島嶼，兩水流環繞南台島後，又再相會，合而為一的水流，在鼓山與長樂市中間流過，由東北方經琅岐眾島而出北台灣海峽。

南台島上自西北至東南是妙峰山、高蓋山、黃山，最後是馬尾區，眾水流自遠方而來，帶着一股生氣，水流流在凹坑之土地上，水流產生空氣之流通，生氣隨流水而來，而南台島是矮小山丘之長島，南台島把福州市之生氣關鎖着，為福州市的案山。筆者繼大師認為它是地靈所集中之地。福州市之北、西、南方是群山連綿，其水流流出之處略低，其地勢是三面環山，一面略低，中間是一大片平原，其平原上略有數個矮小之山丘，如烏山、金雞山、文林山、大夢山、屏山等，平原上亦有窄小之水流。

其中三條較長之水流是由北至南而流入閩江（繼大師註：南台島北面是閩江。）是福州市平原上之主要水流，一條在近西郊之西湖處流出，沿白馬北路及南路而流入閩江，一條在市中心中間由北向南流，水流名晉安河，自五一苗圃處沿晉安北路、中路及南路，流入光明港，東行迂迴地再流入閩江，晉安河在福州市之中間，分開福州市之東部及西部，而大流入小流及眾水流交會再滙入主流，加上群山環繞，形成了福州市。

福州市主要得到三面環山，一面略低而讓水流流出大海，是典型的「三閉一空」格局。在明末清初之蔣大鴻地師所著**《陽宅指南篇》**（《將氏家傳歸厚錄地理真書合編》〈十卷〉翔大圖書公司印行，內 374 頁）有云：

「一空三閉是豪家。三空一閉亂如麻。若通閉裡求空法。立地珍珠滿鹿車。」

鸿尾乡
丹云乡
白沙镇
闽侯县
荆溪镇
上街镇
南屿镇
埔前乡
十八重溪
寿山乡
福州站
宦溪镇
螺洲镇
尚干镇
鼓山风景区
马尾镇
潘渡镇
玉田镇
首占镇
亭江镇
连江县
古槐镇
鹤上镇
猴屿洞天岩景区
琯头镇
琅岐镇
潭头镇
金峰镇
江田镇
乌猪港
粗芦岛
壶江岛
晓澳镇
梅花镇
福州长乐国际机场

福州市

高蓋山在南台島上，島的形狀如河豚

「琅岐鎮、壺江島、粗蘆島、五虎礁」
為福州市的水口砂。

福州市得三閉一空之地勢，又有閩江及大樟溪之水流交會，生氣凝聚於福州平原上，又有南台島作案山，並朝拱福州市，島上以高蓋山為主之矮橫山丘，環繞福州市之南部。福州市之北部，以嶺頭山脈為靠，南台島為案島，五虎山、兔耳山、大帽山、雙貴山、石竹山等為朝山。

西面以旗山為主之山群，為來氣方。東面以鼓山、長樂市之山脈、為水口砂，青芝山之山群及琅岐島山丘為下關砂，至少有四、五層山群作水口砂，使閩江水流迂迴而出，福州市則發福悠久。鼓山與長樂市之山脈群，把守閩江水口，是為華表砂。

福州市是以坐北向南而定局，借外氣遠山羅城關鎖內氣，是一個標準典型結作之風水城市，但由於中間是平原，四周又有高山環繞，所以生氣非常凝聚，外來的氣流不易進入。

每當夏季，天氣顯得非常炎熱，東南方是長樂市山脈群，東南風吹不入福州，出水口走東北方，由於垣局生氣太過凝聚，以致風無法吹動，雖然古人種植榕樹以散熱氣，但畢竟是一個小缺陷。

其次，福州市平原中，只得一個出水口，風水學上雖然說出水要迂迴曲折始能發福持久，但若突然下瀑雨，水流不能及時流出大海，則容易發生水浸，這最好把河道、江道及各水道的河床掘深，以疏導水流，筆者繼大師曾問過當地的退休官員，他說以前在暴雨下，部份地區會水浸，後來治理河道，加強及掘深去水道，始解決水浸問題。

福州市因地勢關係，群山環繞，水流由西北及西南，兩水交會後由東北方而出，妙就妙在這裡，水流迂回而去，欲去還留，非常有情。福州市之大局方向，是坐北向南格局。

筆者繼大師現分析福州市在風水上的形勢如下：

（一）福州市平原之北方是嶺頭至鼓山，後有壽山及石牛山，眾山脈由西而東，群山山脈形成一個天然大屏幛，成了福州市之靠山。

（二）由於南台島自西向東橫放着，島上又有橫矮山脈，把整個福州市橫截着，南台島之北及南方，均有兩水流順弓拱抱福州市，大樟溪由西南向東北流去，使福州市得其來水水流之氣，是得逆水來朝，但可惜水流不甚長，烏龍江及閩江在拱抱福州市後，又交會於馬尾區，然後在鼓山及長樂市之中間流出，水流逆轉向東北方而流出北台灣海峽，水流之路線，環繞得頗為深長，以福州市為中心，水流是由右（西）至左（東），然後逆流而東北上，環兜福州市之東面，亦屬於逆水之格局。

（三）福州市之南面，除有南台島作橫案外，遠處又有兔耳山、五虎山，再遠處又有大帽山、雙貴山及石竹山，眾山形成一幅橫列之大屏幛，作為福州市之朝山羅城，使生氣全部凝聚於福州市平原之上。

（四）福州市之東面，是眾水流滙合之出口，其水口山脈連綿，鼓山、青芝山眾山群、長樂市眾山群及琅岐島，為福州市之下關水口逆水砂，下關重重，且眾山脈各有相當距離，發福悠久。

影響福州市最關鍵之處，就是橫列南面之「南台島」，筆者繼大師認為其名字改得極好，正是福州市之「南面案台」，閩江及烏龍江又夾着南台島而環抱，正如「四九老人」所著之**《平洋金針》〈論水第二〉**（武陵出版之《相地指迷》內〈卷五〉第141頁）有云：

「平洋發地。多在濱內之灣轉如鈎處。水曲至此。炁亦至此而止也。若面前通行河道。只是過水來往。可借為外秀耳。

又幹水雖不結地。若屈曲而來。環抱而去。中開水漾。作一匯澤。下手交會不直走、幽折有情。雖幹亦結。但穴前不可太闊。大勢便散漫。下沙（沙與砂同）**不能阻塞。乃不結穴矣。」**

這段中之：**「灣轉如鈎處」**……**「屈曲而來。環抱而去。中開水漾。作一匯澤。下手交會不直走。」**

正是福州市之閩江及烏龍江、大樟溪之寫照，而**「中開水漾。作一匯澤。」**便是閩江與烏龍江橫夾着南台島之形勢；筆者繼大師認為**「下手交會不直走」**就是閩江之出水口，有琅岐島群作關鎖，使水迂迴而出。

這段雖是平洋地水龍水法，但其原理則與山崗龍無異，其巒頭水法可適用於山龍，但平洋龍之穴法則與山龍有異。在**《相地指迷》〈卷五〉〈論龍第一〉**（武陵出版，第 139 頁）有云：

福州市南方山脈屏障

福州市西郊之山巒

福州市

福州市之下關砂-鼓山

福州市西郊區，前方南面是閩江，矮橫山丘是南台島之妙峰山，遠方是旗山。

「至於平漾。則即以水為龍。余（指四九老人）**每觀城市之中。初無遠來地勢。惟有數支大水咸來交會。環遶以作城郭。布列以作星垣。而烟火萬眾。百世不替。豈非水城環匯。生氣自聚乎。……惟以水之所趨。即為炁之所注。水之所聚。即為炁之所凝。」**

福州市之閩江由西而東，將流水以北之山氣界止，又有兩水相交而出，正是：**「惟有數支大水咸來交會。環遶以作城郭。」**加上遠地的山勢由高而來，山水相會。福州市只能為福建省的首府，但為何福州市不能作首都呢！

筆者繼大師認為這關係到水流長短的問題，若然閩江比長江為長為大，則不難會成為帝皇之都會，所以山、水要相配，山要高而雄偉，水要大、深而迂迴，而萬川歸大海，萬山沿自崑崙。

（繼大師註：喜瑪拉雅山脈之珠穆朗瑪峯高 8848 米，雖然比喀喇崑崙山脈（Karakoram）的衆山峯頂平均高度 8611 米爲高，但崑崙山山脈是由西而東行，是入中國的龍脈之發源地，是中國中部、東部之祖山山脈，所以古人以崑崙山爲萬山之祖也。

喀喇崑崙山脈（Karakoram）位於中國、塔吉克斯坦、阿富汗、巴基斯坦和印度等國邊境。寬度爲 240 公里，長度爲 800 公里與中國境內的秦嶺山脈範圍大小差不多。但其高度平均海拔超過 5500 米，山峯頂平均高度爲 8611 米。）

無論如何，繼大師認為福州市都是一個非常典型的三面環山，一面略低作出水口所結作之都會格局。唯一的缺陷是來水水流不夠長遠，不能盡得逆水，故此**「得水為上。」**極為重要，而**「藏風次之。」**此地只欠「得水」也。

寫一偈曰：

三閉一空
案台朝拱
兩水相交
結作有情

《本篇完》

（六）香港垣局風水

繼大師

香港的繁榮，始於鴉片戰爭後，清政府割讓香港給英國為殖民地，（由 1841 年 1 月 26 日香港開埠至 1997 年 7 月 1 日回歸止）在那一個時代是喪權辱國的事，但經過一百五十六年，其間中國發生有不少災難，但因香港的存在而能減輕，推翻清朝帝制亦因為有香港，加上外國勢力。

韓戰之後，歐美國家全面對中國封鎖及禁運，所有物資得經香港及澳門秘密轉運到國內，六十年代初期，大部份香港人每日郵寄鹽、糖、米及日用品，用毛巾包裹，大量地郵寄到國內的親戚和朋友們手中，可見當時國內物資是非常缺乏，香港是國內同胞的救星。

1962 年國內大饑荒引發大逃亡，無數人經海路、陸路從深圳邊境逃難到香港，香港成為避難所，之後發生十年文化大革命，（1966 年至 1976 年）香港東北、西北多處沿海岸邊，發現很多五花大綁的屍骸，被海浪沖上香港沿海岸邊，慘不忍睹，香港發揮了救亡的作用。

當清朝割讓香港給英國的時候，中國人認為是恥辱，正因為這樣，之後反而救了不少國內同胞，所以禍福是相依的。正因為香港的風水及地理環境關係，使香港東方之珠發出光芒。

香港垣局以香港島和九龍半島為主，中間維多利亞港，兩岸相對，水深港闊，內港彎環屈曲。下元六運開始，（1964至1984）香港島海岸線填海，使兩岸距離適當，生氣緊聚內港，各行各業，及地產建造業都非常蓬勃，加上香港人勤奮努力，打造出今日的繁榮，是為天時、地利、人和的結合。

到下元七赤運中期（1984至2004）1997回歸，隨着英國人撤退，開始產生變化，為了脫離港英政府時代的回憶，港島灣仔海岸線填海，打造香港會展中心，建金紫荊廣場，每個月頭舉行升國旗禮儀式。紫荊廣場面對九龍尖沙咀，填海導致兩岸距離狹窄，令水流急速加劇，截去西面來水。

位於西九龍柯士甸道西一號環球貿易廣場Sky天際一百大廈，高一百層樓；對岸中環，建有IFC國際金融中心，高88層的摩天寫字樓大廈，坐落中環核心地段，現時尖沙咀更建有摩天大樓之凱悅酒店、瑰麗酒店，高廈林立，多幢大廈互相對峙，同時出現在維多利亞港西邊，此為之「華表」守水口。

Sky天際一百大廈

I F C 國際金融中心

大廈華表，守着香港的來水口。

IFC國際金融中心、Sky100天際大廈，華表守來水口。

香港西面的來水口

香港維多利亞港西部

香港維多利亞港中部

香港維多利亞港東部

守護香港內港的山巒一

守護香港內港的山巒二

守護香港內港的山巒三

中環的 IFC 國際金融中心與西九龍的天際一百大廈，兩幢高聳的大廈各據一方，同樣地截去西面來水，加上灣仔會展與尖沙咀海道狹窄，灣仔成為分界線，使曾加貧富懸殊，灣仔是全港中產階層收入最高的地區，就是得西北方來水之第二站也。

大凡一個城市，以得來水為上，香港因得珠江與眾江的來水，故香港的繁榮，並非偶然。樗里子著**《風水口義》**云：**「凡山川。以得水藏風為主。」**（見《珍藏古本堪輿祕笈奇書》士林出版社 685 頁）

珠江舊稱粵江，源於廣州市內段的江中舊有一洲島名「海珠石」，因而得名，全長 2400 公里，是中國境內第四長河流，按每年流量計算，僅次長江之後，為中國第二大河流。

珠江支流有北江、東江，與珠江等三江之水，全由虎門出海，珠江出口海域是伶仃洋，伶仃洋由北向南約七十公里長，東西海口約由十至四十多公里濶，這內海之東面為深圳蛇口、后海灣，東南面為香港之流浮山，南面為大嶼山，西南面為順德、南沙、中山、珠海、澳門。

珠江出水口在虎門，由眾多水流會合成珠江三角洲，珠江、東江、北江及西江分流所聚會經虎門而出伶仃洋，水流帶着源源不絕的生氣來朝，香港位於眾水流相會出水口的海口處之東南方，為極之得水之城市。

筆者繼大師現分析眾水流的來源，好使讀者們清楚明白水流對城市興旺的重要性。

（一）首先東江是珠江三條支流的其中一條，東江自江西省的尋鄔縣，由東北至西南方流入廣東省境內。東江東面源頭是尋烏水，尋烏水在梅州市西北約一百公里，從椏髻鉢山源頭流經尋烏縣的三標、水源、澄江、吉潭、文峰、南橋、留車、龍廷，進入廣東興寧小寨、龍川渡田河、楓樹壩水庫流入東江，和西面源頭支流定南水，在廣東龍川縣楓樹壩匯合而成，全長一〇六公里。

東江流經的地域，近經至河源市、惠州市，是東江流域沿岸所結作的縣城。中國大部份河流是向東或向南流，很少向北或向西流，東江水最奇特的地方就是從惠州由東向西流，經東莞與珠江交滙於虎門，然後出獅子洋至伶仃洋。廣州市因為下關水口為虎門，衆水所會，順弓環抱，城市為南北向，北靠白雲山，高 382 米。

白雲山風景名勝區號稱「羊城第一秀」，位於廣州市區北部，因為主峰摩星嶺常為白雲所掩，所以得名。白雲山是廣州市中心北面的靠山，子山午向，巽宮東南方有赤崗塔，在琶洲島上又有琶洲塔，為人工文筆塔。

2005年至2009年建有廣州新電視塔，稱「小蠻腰，」坊間稱扭紋柴或針筒，位於廣東省廣州市海珠區藝洲赤崗塔附近地面，海拔高600米，距離珠江南岸125米，與海心沙島及珠江新城隔江相望。是一座觀光塔及具有廣播電視發射功能的電波塔，是另類的文筆塔。

因眾水所會，因此廣州市成為廣東省的都會，正因為此觀光之文筆塔，如明代李默齋風水地師所說，當出一位叱咤風雲人物，可能未來更會蔭生出一些歷史風雲女性人物也未定。

（二）北江位於中國華南地區，是珠江流域第二大水系，發源於江西省信豐縣油山鎮大茅坑，於廣東省佛山市三水區思賢滘與西江相匯後注入珠江三角洲。思賢滘以上幹流全長468公里，總長度633公里，流域涉及中國湖南、廣西、江西和廣東四個省區，其中九成流域面積位於廣東省境內。

北江左側（西邊）支流有：墨江、楓灣河、馬壩河、滃江、湖江。右側（東邊）支流有錦江、武水、南水、連江、濱江、綏江。北江流至三水市，與西江旁之支流相連，然後經佛山市、順德市、番禺、南沙至虎門出伶仃洋。

（三）西江是中國南方珠江水系的第一大支流，是珠江的主幹流，發源於雲南省曲靖市沾益縣馬雄山東麓，流經廣西、廣東，聯繫兩廣。在廣東省佛山市三水區思賢滘與北江相匯後注入珠江三角洲。

主流最後經珠海市磨刀門流入南海，從源頭至思賢滘，西江水流全長2075公里，流域涉及中國雲南、貴州、廣西、廣東和湖南等五個省，以及越南東北部部份地區。

（四）潯江是珠江流域西江水系幹流河段的別稱，位置在廣西壯族自治區中東部。從桂平縣桂平鎮黔江、鬱江匯合處，向東北轉折流向東南，經平南、藤縣、蒼梧諸縣，至梧州市與桂江交匯，全長169公里，是西江幹流，潯江水量豐富，河面寬闊，是廣西內河運量最大的航道。

（五）鬱江是西江的支流，為珠江支流西江的一段水域，鬱江，也稱為南江，是西江右岸的支流，也是西江最大的支流，發源於雲南省文山壯族苗族自治州廣南縣，於廣西桂平市注入西江幹段，全長1157公里，為西江最大的支流。歷史上鬱江曾是中國西南地區重要的黃金水道。

（六）西江之另一支流「蒙江」，位於中國廣西壯族自治區東部，是西江潯江段左岸支流，發源於來賓市金秀瑤族自治縣忠良鄉立龍村東南一公里處，金秀縣河段稱忠良河。

忠良河水向東北流入梧州市蒙山縣境，至蒙山縣新圩鎮雙垌村轉東流，於蒙山鎮文聚村轉東南流，經蒙山縣城蒙山鎮、西河鎮、黃村鎮、漢豪鄉和陳塘鎮後進入藤縣境，蒙江在蒙山縣境內也稱湄江、蒙山河。蒙江在藤縣境內向南流，經東榮鎮、太平鎮及和平鎮，最後於蒙江鎮匯入潯江，幹流長196公里，主要支流為大同江、平福河、馬河等。

除了東江、珠江及東莞、番禺區域等衆多支流滙入獅子洋而出珠江口外，大部份水流經中山、珠海之西北方流來，經沙灣水道、蕉門水道、洪奇瀝水道、雞鴉水道與小欖水道滙入橫門水道，全部流入伶仃洋。另外西江水流經近澳門西面的磨刀門出海，近海分出另一分支水流由崖門水道經崖門出南海。

珠江口西面近中山、珠海、南沙一帶由北向南排列的島嶼，有龍穴島、橫門島、淇澳島、大九洲、澳門之氹仔及路環。東面近深圳蛇口、香港屯門之青山一帶由北向南排列的島嶼，有小鏟島、大鏟島、內伶仃島、龍鼓洲及大嶼山。澳門與大嶼山之間的南方有超過卅個小島的萬山群島，不包括香港南部海域的小島；這所有的島嶼，都屬於珠江口出伶仃洋的「水口砂」。

筆者繼大師認為所有水流流出伶仃洋，最大而最有力的水口砂就是大嶼山，從深海圖所顯示，內伶仃島分隔了兩條較深的由北向南行之海道，內伶仃島的地脈來自中山區域，內伶仃島的海底地脈與大嶼山相連，大嶼山由東向西橫長地關闌着珠江口一帶的出水水流之生氣，為出水口的擋砂，亦是下關砂，對於香港的繁榮，起了很大作用。

由於大部份水流流入大海而成為一股海流，海流的生氣有七至八成去香港地區，澳門約佔二至三成，澳門同時得到大部份西江水八至九成的生氣。最後西江經馬騮洲水道，再繞經澳門西灣大橋出珠江口，澳門西北部再得中山三鄉鎮的支流及鴉崗運河繞經「坦洲鎮、前山」連接入澳門的濠江經西灣大橋出珠江口。

七至八成珠江出水口的水流生氣連接蛇口，與深圳河流入流浮山與蛇口中間的后海灣段相連，流浮山為珠江出水口在東面的擋砂，深圳河由西北向東南出后海灣，故元朗區一帶地域亦收得珠江眾多水流所流來之生氣，加上元朗市是南北向，故為新界西之重要衛星城市。

除此之外，香港祖山大帽山主脈向西相連大欖群山，與林村郊野公園之大羅天、小羅天和雞公嶺眾山包圍着元朗錦田屏山一帶平地，大欖盡脈至公奄山，中間由北向南落脈之平地，左右有守護砂脈，至屏山有數個小山丘出現，山丘前方，就是新界元朗鄧氏祠堂之陽宅結地，為新界鄧氏主要族群發源地之一，屏山來龍，是由南向北的逆龍，加上鄧氏家族祖先葬有大地，至今已接近千年，歷久不衰。

珠江出水口一帶，由北向南流來的水流所帶來之生氣，被大嶼山所阻擋，因此赤鱲角填海所興建的機場，曾發生下陷的情況，就是由於水流太急所致，小部份海流流去大嶼山之西南面，大部份流去大嶼山之東面，經龍鼓灘對開的龍鼓水道、大欖去荃灣、馬灣海峽、汀九、青衣、汲水門、藍巴勒海峽、經美孚然後到中環，因此荃灣是首先收得珠江眾水流之第一個香港衛星城市。

中環為水流最純及最聚氣之處，然後向維多利亞港東面走，經鯉魚門出將軍澳，至佛堂門東部海域，然後水氣往東面散去。另一面的水流流去西環，在整個香港內港來說，西環為來水方，來水方闊，鯉魚門為去水方，出水口方窄，全符合了城市發達興旺的風水原則。維多利亞港內海的生氣最為彎環凝聚，西環、中環所收的逆水最為強勁。水流的生氣，原則上要源遠流長，來氣多，生氣大，再來就是生氣凝聚長久，最後就是生氣慢慢散去。

筆者繼大師在隨　呂師學習風水期間，得到恩師教導謂：**「全個九龍半島是中國南部盡止之地，大帽山為全個香港的祖山，落脈至美孚，經昂船洲至中環起出港島祖山太平山。」**太平山又名「扯旗山、香爐峰」，是香港島的祖山，然後向四週不同地方落脈。呂師又說昂船洲是過龍的水星，並引述劉若谷先生著**《千金賦》**句語云：

「腰間帶水星。定是龍去不遠。」此水星正是昂船洲也。

早年亦曾有台灣曾姓風水師謂中國南方香港之龍脈由九龍牛池灣飛鵝嶺過鯉魚門到香港島至畢架山起頂，故說法有兩種。我們看來龍龍脈之餘，同時要看水流從那裏來，龍脈及水流互相配合，始得知來龍從那裏來。有這樣方向的來龍地脈，就有這樣方向的來水，互為因果。

珠江三角洲地形圖

昂船洲水形星過龍到香港島

繼大師註：珠江水水流流出虎門，經珠江口出伶仃洋，大嶼山爲下關砂，部份海水水流向南流，一支海水水流向東面流，入荃灣藍巴海峽，經葵涌、美孚、昂船洲至中環，部份去南丫島及繼續南行。西環爲擋砂，海流繼續流入維多利亞港，經中環、灣仔、銅鑼灣、北角、筲箕灣、鯉魚門出柴灣，再經將軍澳佛堂門繼續東行，然後散去。部份海流往南行，及向東南流經南丫島及香港仔、鴨脷洲之間水域，經深灣、淺水灣然後去赤柱，最後往東南方散去。

珠江三角洲地形圖

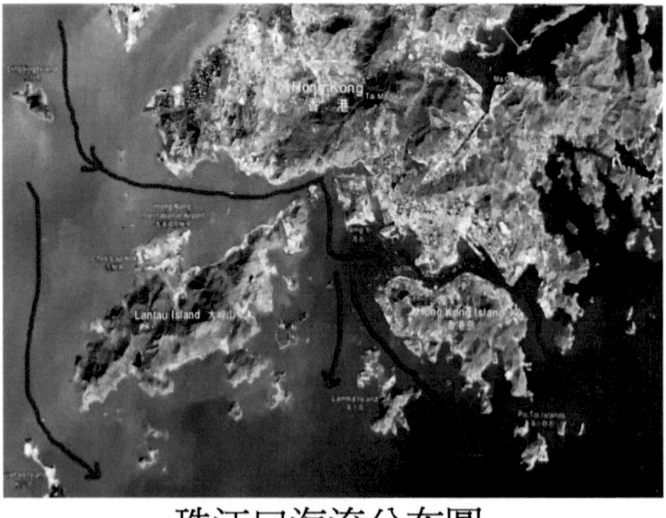

珠江口海流分布圖

至於中國東南方香港之來龍龍脈，由喜馬拉雅山脈之源頭「額拉崑崙山」，古代稱「忽嶺」，東行經藏地、四川麗江至雲南入廣西、廣東廣州市至香港，可以說是香港之來龍龍脈是隨珠江而來。深圳河往西去后海灣再向西南方流出伶仃洋，分隔深圳香港兩地。龍脈至深圳梧桐山起祖山，過香港沙頭角紅花嶺入香港範圍，起大帽山祖山，北面為元朗錦田，南面為荃灣。

九龍半島由美孚過龍至中環太平山頂起祖山，然後由四方散去，東至柴灣石澳，西至西環，西環早年最出名的三角碼頭，又稱永樂街碼頭，位於永樂街以西，現在上環消防局和皇后街之間。三角碼頭一名源於該處一塊三角位的地皮，現在建築物名為德輔道西九號，以北就是永樂街碼頭。

正因為三角碼頭的地形是三角形，火煞特強，加上逆收珠江眾水流的來氣，成為眾黑幫重要勢力範圍，為爭奪利益而引致械鬥之地，一時叱吒風雲。西環因地勢略低，經常受到強勁海水暗流之衝擊，所以打風時經常受到海水入侵，以致岸邊水浸，因為西環海邊沒有小島作擋砂，故受水煞衝擊。

由於西環地區太露、太蕩，容易被風及海浪沖打，東博寮海峽是界水位，出現在南丫島與港島南之間，海溝分隔開大嶼山及南丫島與香港島之脈氣，海水水流餘氣經過東博寮海峽，繞過港島西環向港島西南而東行，至赤柱後而在南方散出南中國海。

深灣與淺水灣之間的香島道及壽臣山地區，是由港島南方紫羅蘭山南去落脈，是最為得脈氣及得逆水之地，整個赤柱地區為它的下關砂，關攔着海流的生氣，所有三江向東南流出之水流生氣，全止於此地，然後散出海洋。香島道南方又有尉波洲作案山，難怪住在香島道的屋主，全是富貴人家，而香島小築的主人，更是第一任香港特首人選，鄰近壽臣山，是全港第一富豪之所在地。

香港可以說是整個中國南方盡龍之處，衆水所會，單是珠江的長度已達 2400 公里，遠從雲南而來，流水量是全中國繼長江之後的第二大江，雖然長度不及黃河，但比黃河的流水量還多，是中國境內第三長的河流。珠江水系共有大小河流共約 774 條，總長度約三萬六千多公里，是中國南方最大的河系。

香島道豪宅區

漫波洲為前方案山

壽臣山豪宅區

香島道西面淺水灣之豪宅區

赤柱半島為香島道豪宅區之下關砂

香港維多利亞海港

獅子山、九龍畢架山，形象蝙蝠。

香港九龍垣局

東九龍山巒

中九龍山巒

由九龍望去香港山巒有九峰，故名九龍。

香港維多利亞港出水口

香港屯門的青山（583米高）與中山的五桂山（530米高），為珠江出水口的華表山，為「桿門守水口」之山峰。大嶼山雖說是水口砂，但它的脈氣經由廣州、佛山、南沙之黃山魯、伶仃島而至大嶼山，它的左方（東面）是整個九龍半島及香港島，大嶼山之右方（西面）是中山、珠海區，中港兩地的山脈，都在大嶼山之左右而守護著，廣州是中國南方龍脈盡止之都會，龍行水纏，山水聚會，盡止於此地，而香港更是龍脈止結的逆水都會。

隨着港珠澳大橋在2018年十月尾的通車，使港珠澳三地更密切地相連，大橋把以北的珠江口伶仃洋整個地區的生氣關鎖着，使整個珠海、廣州市、深圳市更為興旺發達，另外東涌機場、青山、元朗一帶，亦會相繼旺盛起來。

很可惜的是，香港水口走東南「辰巽」方，2044甲子年，踏入小三元元運入一白運，大三元元運入四綠運，在理氣方面極為失元，部份公務員辦公室搬離灣仔、中環，地氣盡失，管治能力容易產生混亂，施政難湊效，加上添馬艦新香港政府總部建築古怪，中央破了一個大洞，前方明堂又被一巨形的三角地形（尖火形煞）正正所插，批准此項建築的官員已遭刑劫之災，開幕那天又跌死了一個藍帽子警員，一名高官又患上退伍軍人症，諸事不利。

政府總部的極壞風水，已帶來了在2019年尅應了反修例事件所發生的暴動，正因為有外國勢力干預，其破壞性極大，是香港開埠以來最嚴重的動亂。感恩的是，新冠疫情的發生，本來是一件壞事，但這壞事阻止了香港動亂的延續，間接是拯救了香港，真是吉人天相。

若然要將香港每個地區的風水逐一分析，一本書也未能寫完，新政府總部的壞風水，除尅應已發生了之黑暴事件之外，它亦告訴我們，未來或會成為外判政府，亦會有一些特別的尅應，意味着會發生一些不好的事情，願凶事不再，吉事來臨！但願如此。

《本篇完》

（七）九龍塘垣局之分析

繼大師

九龍塘為整個九龍半島的中心區，九龍塘北面的整個靠山形像一隻巨型蝙蝠，是東西方橫闌的山嶺大幛，把北面的沙田區分隔兩地，青龍方是蝙蝠之左翼為獅子山，白虎方是蝙蝠之右翼為畢架山，中央為蝙蝠之頭，地靈之氣覆蓋整個九龍地區，為香港島維多利亞內港一帶地區的朝山，蝙蝠之頭在九龍塘中央地區向南方落脈，其「蝙蝠、筆架、獅子」地靈之氣，影響着整個香港，故香港真的是一塊福地。

九龍塘窩打老道很久以前曾經與一條污水明渠並行，後改為暗渠，於是路面寬闊了很多，暗渠分兩路，一條經亞皆老街出海，另一條沿著窩打老道去油麻地經果欄出海，當時為未填海的油麻地避風塘。

九龍塘地區南行地脈分兩支，一支由畢架山花園由北向南落，以窩打老道與九龍火車鐵路中間地段為主，經九龍塘地鐵站、教育局、至省善真堂，地脈最為雄厚，氣聚後繼續向南方前行，中間由北至南以金巴倫道為主，旺角嘉多利山、男拔萃書院山丘、九龍醫院山丘及醫管局（繼大師註：醫管局前身為山丘，後被移平建成醫管局。）一帶為整個九龍塘地區之下關砂，亦可以作為案山，尖沙咀天文台山、何文田山、佛光街山丘，全是九龍塘地區之下關砂，整個香港島太平山（扯旗山）、山頂、金馬倫山、渣甸山、小馬山、大潭、紫羅蘭山……等，全是九龍塘區及整個九龍區的朝山。

九龍塘地區的另一支脈，同樣由北向南行，在窩打老道與聯合道公園、九龍仔公園山脈之間的地區，以劍橋道、牛津道由北向南行為主，整個地區屬於名校區，由蝙蝠頭之金形山向南方落脈，南行地脈，經香港浸會大學、解放軍東九龍軍營，由聯福道、牛津道與劍橋道南行，再經宣道小學至瑪利諾修院學校，這一段地脈為倒頭一節，以牛津道為主，向南行（午兼丁），至根德閣盡止，其鄰近東面為喇沙小學，整條脈上的大部份建築物，後方都能正靠獅子山，以獅子山為後照星。

在窩打老道東邊高出的脈氣上，有東華三院黃笏南中學、瑪利諾修院學校中學部、拔萃小學等，三校的位置，其西面向窩打老道處，正是九龍塘會，九龍塘會地形是一個很大的半圓形，有兩條路作半圓形狀，外圈之路為雅息士道連金巴倫道，內圈亦同樣半圓形的路，兩路圍繞著九龍塘會。

換句話說，這兩條半圓形的路順弓在西面環抱着東華三院黃笏南中學、瑪利諾修院學校中學部、拔萃小學，這雙圓金形路順弓有情地朝拱著它們，學校區在高出的脈氣上，九龍塘會在略低的平地上，正好作為這些學校的明堂，在形勢上是順弓環抱的道路，具有良好的風水格局。

瑪利諾修院學校背靠球場及迴旋處的山丘，現已移平，但高出的山坡地形仍然可見，學校向正西（酉兼申），西面之朝山為太子道警察會山（石硤尾山），前方為白虎捲案，東面後遠方靠山為藍田安達臣石礦場山。

瑪利諾修院學校雖然並非真結地，但位於地脈盡處範圍的西面，緊貼平潤的山丘邊，雖然以根德閣為主，但亦能沾上不少脈氣，這是以東邊的出脈而論。

至於九龍塘西邊的出脈，由畢架山花園開始，經九龍塘地鐵站、香港教育局大樓，本來教育局大樓位置極佳，如果站在教育局大樓二樓平台向北回望，整個畢架山、獅子山相連而成為一隻大蝙蝠，剛好正朝教育局大樓前方，非常有情。

可惜這棟大樓中央，中心上下由右至左斜斜地缺了一塊，整棟樓由上而下斜斜地被刪了一刀，教育局大樓的設計，真是古靈精怪，被設計師破了他們的風水，真是哀哉！哀哉！

九龍塘西面脈氣南行至耀中國際學校，設計亦是古怪，背後揹著兩間屋，凌空凸起，正是「孭仔屋」也，很壞的外型屋相風水。至於鄰近的城市大學劉鳴煒學術樓，設計亦是古怪，中央開了一個四方大洞，兩座大廈相貼，像危樓一般，其設計亦破壞了大樓本身的風水。

筆者繼大師記得多年前，有西班牙銀行，外型設計成垂直歪斜的平行四邊形，外型非常古怪，其結果是銀行擠提，幾乎倒閉，這就是設計師傑作的後果，他們雖然不信風水，但大廈的外觀，會令大廈使用者發生凶險或意外，甚至諸事不吉。

一般大廈設計古怪的話，意味著會發生一些不尋常的凶險事情，當一個城市都會，大部份的建築物都歪斜、尖角、或像燈籠摺痕、ㄨ型……不正常的話，筆者繼大師在此說出一個大陽宅風水的秘密，

獅子山及畢架山為九龍塘之靠山

九龍塘坐北向南，尖沙咀為氈唇，灣仔順弓朝拱。

九龍塘會地形是一個很大的半圓形，朝拱着東面。

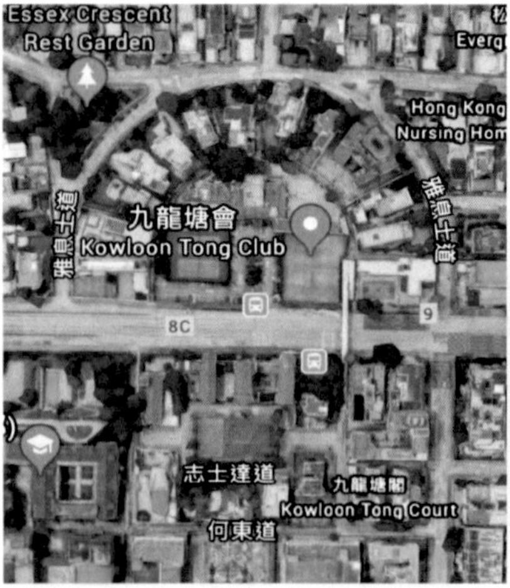

雅息士道成半圓形，拱向東華三院黃笏南中學、瑪利諾修院學校中學部、拔萃小學。

九龍塘坐北向南，東南巽方出水口。

由於這些大量的古怪建築物的出現，當時運一到，這個城市，必定會發生大規模的災難，它們的大廈風水，會說給我們知道，災難即將到來。

九龍塘西邊的出脈，脈氣南行至省善真堂，最為突出，脈氣止聚，以整個省善真堂之大局坐北朝南計算，筆者繼大師認為石硤尾公園至太子道警察會後山的石硤尾山崗地脈，剛好為省善真堂略遠的白虎砂，石硤尾水庫之山崗落脈，至嘉頓麵包公司，為省善真堂之遠方白虎砂，省善真堂又以九龍仔公園由北向南行之山脈為青龍砂，這是以行龍大局來論。

省善真堂雖然坐在由北向南行的地脈上，但他的主殿樓的設計為坐西向東，主殿門樓正門為酉山卯向兼辛乙，主殿樓有兩層，二樓為三清殿，地下為文殊殿，主尊為文殊菩薩，主殿樓及門樓前方為律倫街遊樂場平地，為主殿樓的外明堂。

省善真堂主要入口是西面的律倫街，卯山酉向兼甲庚，以大門口計算，石硤尾山為它的遠朝。筆者繼大師認為這種與橫龍結穴的立向方式差不多，在廟宇的設計上，是極為罕有。

脈氣繼續南行至「大師堂」，為地脈聚止後的餘氣，整個九龍塘地區有多重的下關砂，而且地點略為高出，右邊（西邊）之地勢向下伸延，正是石硤尾南山區，石硤尾為畢架山南行的脈氣，石多而脈氣未化，至太子道警察會後的石硤尾山始化氣，石硤尾南山區地勢略為凹陷，較為困一些，與九龍塘地區相比，貴賤立見。

在九龍塘歌和老街西面的城市大學，建有邵逸夫媒體創意中心（Run Run Shaw Creative Media Center），外型非常古怪，三尖八角，金字塔頂端及三角形、菱形等綜合設計，頂部為不規則的平面四角形，垂直看，又如帆船的旗幟在飄揚，大門門前外面平地，如一條闊大的舌頭，影響着將來的媒體，或對社會上構成破壞。

筆者繼大師從未見過如此古怪的大廈設計，根本不是一般人（正常人）住的，邵逸夫媒體創意中心的設計，所出的人，可想而知了，真的不想再說下去！

其對面的城市大學學生宿舍大樓，中央穿了一個正方形的大洞，大樓穿心，曾經有學生在此宿舍大樓跳樓自殺，真的不幸。九龍塘的另一邊，東面有九龍仔公園山脈，為整個九龍塘地區的青龍砂，是最為關鍵重要的守護山脈。

香港城市大學宿舍

邵逸夫創意媒體中心

九龍塘教育服務中心

香港城市大學

瑪利諾女子中學（地點位置及建築物均吉祥）

耀中國際學校中學部

省善真堂佈局

因為所有水流之生氣，全部由西面吹來，中國南方的主要河流為珠江、東江、北江、全出虎門經獅子洋出珠江口伶仃洋，西江由澳門西部出南中國海，前者三江之水向南流經伶仃洋至大嶼山，大部份水流東行經荃灣、藍巴勒海峽、去西環、中環、灣仔至鯉魚門出佛堂門而去。

水流之生氣由西向東來，部份生氣至九龍半島上空，部份東行的生氣被九龍塘之青龍砂（九龍仔公園山脈）所阻隔，而聚於九龍塘地區內，凝聚之後，然後慢慢散去，得生氣者，得財氣也，而樂富新村，即以前的老虎岩，與九龍塘地區，貧富懸殊，老虎岩皆因生氣被九龍塘格仔山由北向南行的九龍仔公園山脈所截，經過了一段長時間，現時始較為好些，皆因地理形勢及元運等因素所影響也。

至於石硤尾地方，因脈氣未化，石多而嫩土少，加上位置接近畢架山，形勢略困，生氣未能聚止，但脈氣至石硤尾山（**繼大師註：即太子道警察會後山。**）始能化氣。於 1953 年癸巳年聖誕節，為上元五運前十年的最後一年，（1954 年交下元運）石硤尾木屋區發生嚴重火災，影響有石硤尾六村，為白田上村、白田下村、石硤尾村、窩仔上村、窩仔下村及大埔村，受災面積達 45 畝，有五萬多名災民無家可歸，大火最終導致香港公共房屋的誕生。

太子道警察會後山是旺角市區內的靠山，是旺角的後照星，非常重要的山丘，旺角之東面地脈沿著窩打老道南行的山脈，為旺角區的東面下關砂，兜收西面來水之生氣，沒有它，旺角不能興旺，此脈由旺角南行經油麻地，橫結於天后廟、城隍廟及觀音廟，廟宇逆收西面生氣。雖然油麻地城隍廟後方來脈因開闢彌敦道已被鏟平，其後方靠山穴星仍然保留，但並不起眼，現已成為一個非常小的平頂山丘休閒地方，若在彌敦道經過此廟宇的後靠山丘，亦不易察覺到。

此脈氣再南行，在油麻地再出現一次化氣的現象，略近東面由北向南行之地脈為山林道至尖沙咀天文台山，為尖沙咀區的東面護砂，略西之地脈為主要地脈，至佐敦經九龍公園山丘到尖沙咀，脈氣止於半島酒店，為子山午向兼壬丙，山林道至天文台山為守護山脈，沒有它，尖沙咀區不能興旺。

若翻開谷哥（Google map）地圖，從高空圖上看，如果將九龍塘近地鐵站位置，劃一條直線至尖沙咀，此條軸線，基本上就是全個九龍半島的中心線，何文田山一帶，就是九龍塘的案山了，整個香港島是順弓形的朝山，故九龍塘地區是屬於略為高結的九龍市區中心垣局，因此居住的人較為清貴。

1998年戊寅年7月6日，時值下元七運尾，香港啟德機場搬遷，飛機航道不再經過九龍塘上空，沒有聲煞，樓價一再飆升，一切顯得更為美好。九龍塘是一個很好的城市內垣局，若然卦線向度與北京紫禁城一樣，那就更加理想了，當出叱咤風雲人物。

《本篇完》

（八）前港督府風水寶地 ── 朝北穴不畏風寒之原理

繼大師

香港在一九九七年七月一日回歸中國後，前港督府也被重新命名為「香港禮賓府」，英國的殖民地統治時代已成過去。港督府雖於 1995 年被列為法定古蹟，但其地點仍是一塊風水吉地。它的存在，與香港之地運息息相關。

前港督府正樓於 1851 年咸豐元年（辛亥年）開始興建，至 1855 年（乙卯年）10 月 1 日峻工，時值下元九運，至 1997 年（丁丑年）已有 142 年，亦在下元（八運）回歸中國。港督府由當時之總測量師急庇利（George Cleverly）所設計，耗資一萬四千英鎊，由第四任港督寶靈（Bowling）開始入住。日治時代由日人加建之塔樓，據傳頂內置有日式神像一尊。

前港督府內塔樓頂有一尊日式神像，內藏一些秘密。港督府在 1900 至 1902 年間加建，同時是港督私人住宅、辦公及款待外賓的地方。1941（辛巳年）陽曆 12 月 25 日，剛上任三個月之第 21 任港督楊慕琦投降於侵港的日軍。日軍以中環滙豐銀行總行大廈為香港佔領地總督部，又以前港督府為日軍總司令官邸。

日治期間，日人從日本請來只有 26 歲的年輕工程師藤村正一（Seichi Fujimura）在港督府上加建一座塔樓，並連接宴會廳和主樓，塔頂為日本式，原有的建築大部份遭拆卸而重建，而現時前港督府之外貌有著日本色彩。

於 1996 年，筆者繼大師從一位在港督府工作卅多年之管工人員口中，得知一個罕為人知的秘密。事源於日治時期，日軍軍官於加建塔樓後，將一尊日式神像安置於塔樓頂內，日本投降後，日軍並沒有將神像取回。若干年後，港督府內之英國官員，欲將神像取走，當傭人欲拿走之際，突然跌倒，未幾竟一命歸西。此事令港督府內上下人等皆震驚，從此不敢再取走神像，事情不了了之。

前港督府背山面海，坐坤向艮兼未丑，剛好在丁丑年回歸中國，正剋應其向度年份。在堪察時，筆者繼大師認為它是坐艮向坤的，後告知恩師　呂克明先生，豈料呂師說港督府應是坐坤（地風升䷭）向艮（天雷無妄䷘），其原理如下：

港督府背山面海，來龍由扯旗山落脈，雖然大門口向山，依大勢定局，是坐滿朝空格局，所以應作坤山艮向兼未丑論。

香港禮賓府

日治時代修建的塔樓

香港禮賓府後靠之來龍

兵頭花園山丘為禮賓府的穴星

禮賓府門口與大門之間的明堂

前港督府之風水格局，筆者繼大師現述之如下：

（一）有來龍 ── 前港督府後靠扯旗山，是整個港島區之祖山，形像香爐，西邊是主峰高 552 米，而東邊是歌賦山，約有 370 米高，中間是平土形，其來龍在主峰出脈，向東北方落脈，經香港動植物公園（兵頭花園）作主星，穴結港督府。

（二）有龍虎 ── 龍砂是主峰北落之山脈，而龍虎山山脈是外方青龍砂。白虎砂由歌賦山落脈至香港公園及高等法院處，是虎長龍短而高的格局，因水由青衣島、昂船洲、青洲方而來，是左水倒右水，正配合虎砂長龍砂高短之形勢，白虎長砂為下關砂，兜收逆水。

孟浩著之**《龍虎辯》**（《雪心賦》〈辯論篇全〉第 7 頁《龍虎辯》竹林書局發行。）云：**「如水從左來。則左為上沙。右為下沙。水從右來。則右為上沙。左為下沙。上沙宜低弱。低弱則天門開。得見水來。下沙宜高強。則地戶閉。不見水去。此正理也。」**

前港督府之白虎砂是歌賦山落脈至香港公園一帶之地域，其下關砂有力，正是：**「天門開，地戶閉。」**不見去水也。

（三）朝砂具備——由於現時中環商廈林立，以致在港督府處不能得見前朝遠砂，但若從十九世紀後期的港督府相片中，九龍獅子山至筆架山一帶山脈，正是其遠處特朝之山。雖明堂不見朝案砂水，但仍位於地靈旺盛之土地上。

前港督府由於坐西南向東北，東北風極大，而東北亦稱「鬼門」，豈不是犯風煞？原來，若是陽居結地，龍虎、玄武、朝案齊備，是不怕風寒的。

孟浩著之**《朝案辯》**（《雪心賦》《辯論篇全》第8頁《朝案辯》竹林書局發行。）有云：**「余覆敝鄉東沖胡氏祖地。御屏土星挂角。入首微起金星開窩。丁山癸向。正朝北方。堂局寬闊。無近案遮闌。左右無龍虎護衛。只有大羅城水口而已。以俗眼觀之。宜乎風寒氣弱。不甚發福。而何以反出巨富。人丁數千。發福攸久。」**

這不畏風寒之原理是：

（一）來龍是大幹盡結之地，地氣旺盛，不畏風寒。

香港禮賓府

香港禮賓府入口

香港禮賓府大門入口玄關

（二）是石山土穴，其體質剛強，不畏風寒。

（三）高山頓跌而落，落脈作平地，然後開窩作穴，穴聚氣厚，不畏風吹。

這即是雖穴朝北方，無內龍虎近案，堂局又寬闊，但若是來龍真，結穴真，有朝砂，則穴不怕風吹，這只是穴之瑕疵吧！若以人工修造，亦可補其不足。故地理家尋地，全以認知真龍真穴為主，砂水不足，是小節瑕疵，不能減其厚福。禮賓府所欠缺的，就是前面沒有案山，只收大局朝山及逆水，是唯一的瑕疵。

現時之禮賓府，其前方白虎處已建有長江集團中心，把中銀大廈秀煞之氣給中和了，其實外圍建築物若有尖角沖射，是有辦法給予遮擋的，不是為了個人因入住後恐身體患病，就白白浪費了寶貴之地氣。筆者繼大師本人從不相信一個大廈內之住宅單位，其風水會勝過一個陽居結穴住宅，於理不合！當然，一個陽居結地亦要配合人為、地方國運，是謂天、地、人三者之結合，才可把國家治理得好。

天——天時、大氣候政治趨勢。

地——真龍、真穴之結地。

人——國家人才之智慧，正道之思想。

世上一切事物，若要成就，非得天地人三才之力不可。而天地間之一切，皆變幻無常，祈望香港將來變化不大，維多利亞內港之填海區能減至最少，免破壞香港風水，這樣在下元九運，必能有一番作為。

前港督府！現禮賓府！祈望你發出力量來，守護香港！

寫一偈曰：

陽居吉穴結督府
能化沖煞免病苦
地氣暴殄既天數
一地興盛一地枯

《本篇完》

（九）淺水灣露台餐廳風水格局——案山口訣及曠野之宅釋義

繼大師

淺水灣位於香港島南端，若以港島之東西部位置算起，剛好位於南部海岸綫中間處。由於海灣水淺沙幼，顧名思義稱為「淺水灣」。至於英文名稱是 Repulse Bay，據說與一艘英國戰艦有關。

事原於 1840 年（道光廿年庚子年），清朝欽差大臣林則徐奉道光皇帝之命，到廣州主持禁雅片烟工作，並下令鴉片烟商繳出鴉片，烟商要求英國政府保護，英國政府派譴一艘軍艦到香港鄰近水域保護。其中一艘名為 Repulse（意譯為抗敵號），船員到淺水灣附近取水時，見海灘優美，海水清澈，便在此暢泳一番，並改海灘名字為 Repulse Bay。

自香港開埠以來，有不少文人雅士在遊覽風景名勝之餘，將部份美景題以「香江八景」，其中新八景之一是「淺水丹花」。意指海灘幽雅，有「天下第一灣」之稱，更有「東方夏威夷」的雅號。由於游泳人士漸多，1915 年開始設有冷熱水沖身服務。

淺水灣酒店建於 1920 年庚申年，並於 1982 年壬戌年拆卸，而前面三層高之咖啡室餐廳，亦於拆卸後依原貌重建。淺水灣酒店曾招待過不少名人，包括海明威(Ernest Hemingway)、馬龍伯蘭度(Malone Northumberland degree）、蕭伯納（George Bernard Shaw）、瑪高芳婷（Margaux Fontaine）、西班牙卡斯王子（Prince Cass）。

第二次世界大戰期間，日軍佔領香港之後，酒店被日軍改為醫院及療養中心，戰後始恢復為酒店。筆者繼大師認為此三層樓之露台餐廳，其位置極佳，地勢極合吉祥風水格局。咖啡室背山面海，坐滿朝空格局，其好處如下：

（一）有來龍及後靠 ── 咖啡室背靠大山，紫羅蘭山是祖山，高 433 米，有五條落脈，其中一條在青龍方而下，至山麓處有一平地，正是咖啡室所在地，雖然有後靠山，但緊貼之後靠山不夠高，只憑祖山作靠。

（二）有龍虎 ── 咖啡室之來龍主脈，在山脊上分出一支脈向東南行，至淺水灣坳及孖崗山，其山脈落到中灣泳灘，一脈落南灣泳灘，山脈皆有重重龍砂環抱，白虎砂亦由紫羅蘭山最近西面之山落脈，經配水庫到麗海提岸路，龍虎眾砂皆兜抱著整個淺水灣。咖啡室剛好在淺水灣之中間位置，故得堂局生氣，熨波洲是遠處白虎砂，頭洲及銀洲是遠處青龍砂，眾島關欄淺水灣外，南丫島是遠處護砂，左右環抱。

（三）水聚天心 — 前朝淺水灣，因龍虎二砂守護灣水，水聚外明堂，正收堂局水氣。

淺水灣咖啡室，其地點雖然不錯。唯獨欠一應星，其缺點如下：

（一）氈唇不夠深 — 由於此陽居「的穴處」不大，前唇托略淺，真氣凝聚還欠少許。

（二）前朝應星欠缺 — 淺水灣咖啡室雖內堂緊聚，外堂灣水來朝，前面大海較為空蕩，欠缺前方朝案之山關欄，若以人工築一建築物，如橫案之牌樓，建在近咖啡室正門不遠處，則妙也。

在劉謙著之**《地理囊金集》〈論案山〉**（武陵出版社出版，第 36 — 37 頁）有云：**「夫案山者。陰陽之配。夫婦之對也。近宜低。遠宜高。高則齊眉。低則應心。若近而逼。遠而不朝。低而太遠。**

高而太近。皆非合格。登穴而望。端然特立。異於眾山。如臣之面君。子之奉父。賓之見主。天然朝拱。不待推擇。此真案也。」

若以人工法加建牌樓，作近案之用，有關鎖內氣功能，而案山近宜低，遠宜高，這正如上述的案山口訣，把案山與穴本身之距離調到剛剛好，高低要適中，並互相配合，用人做牌樓作案，要用平土形，牌樓選擇之地點非常重要，要依風水堂局法配合。這種作法可用於陰陽二宅中，其設計要以能凝聚內堂真氣為主，須花上心思修造。

以筆者繼大師的經驗，案山之看法，其口訣如下：

（一）高低適中 — 穴若結於高處，案山則要高，結穴處低，則案山要低，案山是四應星之一，其高低要適中，目的是能兜截穴中餘氣，使穴能納受。

（二）端正有情 — 案山是穴前近山，影響極大，所以案山最好要成金、土、金水、金土、土金之形，形要端正成體，秀麗朝穴，有情為上，切忌反背側身及走竄之狀，亦忌巉巗破碎。

淺水灣露台餐廳及白虎砂

淺水灣露台餐廳青龍砂

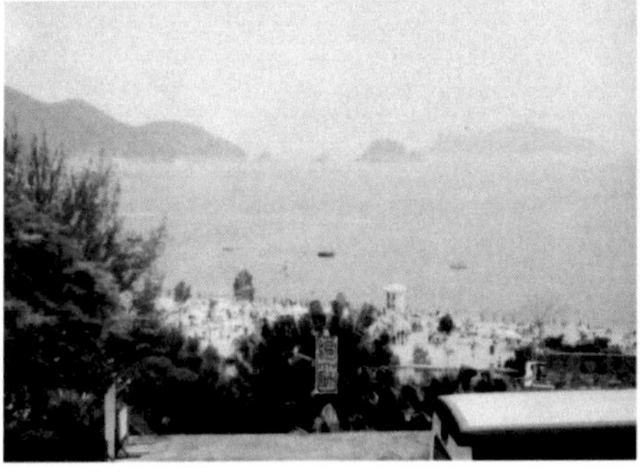

淺水灣露台餐廳前面堂局

淺水灣露台餐廳後靠淺水灣酒店

淺水灣露台餐廳及酒店堂局

淺水灣

（三）距離適中 — 案山高則要離穴遠，案山低則要近穴，高低遠近要成比例，若太高則易有欺壓穴場之勢，若太低則穴前水走，真氣不聚，丁財不旺。案山有關鎖穴前餘氣之功能，故有「有案速發」之說。距離若適中，則案山之標準高度是**「高要齊眉。低要齊心。」**，古人皆以此作準則，故為古法。

（四）忌有尖尅 — 案山由於近穴前，切忌正對火形尖角而致沖穴，火形山要以遠朝為貴，太近則有殺傷力，主應凶險橫禍或火劫之災等。

這淺水灣咖啡室雖是陽宅穴地，但其巒頭作法，均與陰宅無異。這「缺乏案山」之缺點，除用人工加建牌樓一法補救外，亦可在正門前面修整其平地，在平地盡處建石欄作方形或順弓形之勢，環抱建築物，使內明堂之堂氣更凝聚，而石欄與咖啡室入口正門，其距離要匹配，有關欄作用。

咖啡室雖然位置極佳，但天然及受人為因素所致，仍有缺點，筆者繼大師述之如下：

（一）後靠不能正靠後方山峰，仍然有凹風在左後方吹頭，幸好被後方的高樓大廈所阻隔。背後原有之淺水灣酒店於 1982 年已遭拆卸，並建一廿多層波浪式大廈，橫而濶，中間有缺口。大廈剛好矗立在咖啡室後方，極為逼壓，來氣帶煞。

（二）元運之氣已過，現臨當元煞運（2001年6月），理氣不合時宜，氣運帶煞，雖氣運不合，但由於位置建在吉地上，地氣仍旺盛，若時運一到，很多大人物亦會到訪。

有地氣之吉地，理氣與巒頭要互相配合，筆者繼大師解釋其道理如下：

大發 ── 地點是真結之地，元運正值當元。

未發 ── 地點是真結之地，元運未至，但不退敗。

小發 ── 地點不是真結之地，但未有犯巒頭之煞，正值當元氣運。

所以，建築物之擇地非常重要，若巒頭環境佳，理氣不合，雖未大發，仍不致退敗，巒頭佔六至七成，理氣佔三至四成，向度犯黃泉八煞則除外，假若建築物得地氣，待時運一到，其吉力是非同小可的，如虎添翼。

淺水灣餐廳之巒頭地理甚佳，雖時運不合，但亦不易退敗，若時運一至，福力非輕。在陽宅風水格局中，蔣大鴻先師著**《天元餘義》《陽宅三格辨》**（見《蔣氏家傳歸厚錄地理真書合編》〈七卷〉翔大圖書公司印行，258 ── 259 頁）說有〈陽宅三格〉。

筆者繼大師解釋如下：

（一）井邑之宅 — 都會、城市密集之房屋，如香港、九龍市區。

（二）曠野之宅 — 鄉村平房之屋，密度疏而空曠，如港島南區別墅或大厦等。

（三）山谷之宅 — 鄉村平房之屋，四面環山，或只得一面有凹峰，是為風門，如元朗靈渡寺是也。

淺水灣露台餐廳之擇地，正是曠野之宅，皆以得水為上，前朝淺水海灣，而在**《天元餘義》〈陽宅三格辨〉**有解釋曠野之宅，（《蔣氏家傳歸厚錄地理真書合編》七卷 — 《天元餘義》〈陽宅三格辨〉翔大圖書公司印行，第 258 — 259 頁。）筆者繼大師茲錄如下：

「曠野之宅。以水為主。而風門方隅次之。道路又次之。若大江大河。則其應亦大。小溝小澗。則其應亦小。此與平原龍法同科。而微有細大之殊。專擅一方。氣鍾於特。若元運綿長。奕世承祧。子孫不替。蓋此宅也。」

此段文字以筆者繼大師之見解，其重點如下：

（一）空曠而密度低之陽宅，以得水之朝迎為主，或有水流流入湖、江之中，水止而貯，且是陽宅之堂局，則生氣凝聚，水止則生氣止。

（二）若曠野之宅雖沒得水朝迎，但有羅城群峰環繞，這樣要看何處有凹峰，這是風之門，其凹峰方位多是水氣出口，影響其氣運，凹峰除出現在宅之正前方之外，其餘位置均不適宜出現，而且凹峰之外出現高聳山峰補其缺口，這樣堂局生氣更凝聚。

（三）曠野之宅若得水迎朝，以大海、大江、大河所應之力為大，以小溝、小澗、小河所應之力為小。

（四）河道之長短、方位、元運等亦有關係，影響至大。

淺水灣露台餐廳得海灣之水作迎朝，是得天獨厚，而淺水灣酒店於 1982 年拆卸，剛好將交入下元七赤運，這是元運得煞乎？相信待時運當臨，定有一翻作為。

寫一偈曰：

曠宅巒頭佳。灣環水聚兮。

元運若相配。龍騰上天階。

《本篇完》

（十）澳督府大鵬展翅穴 —— 觀氣脈法

繼大師

前澳督府官邸，現成為澳門特別行政區首長官邸，亦是澳門行政中心，建座於澳門南灣海濱，昔日澳門未回歸前，前澳督被稱為「兵頭」，故澳督府亦稱「兵頭行」。前澳督府原屬葡萄牙塞爾加爾子爵家族所擁有，於 1881 年辛巳年上元一白運，被當時之澳門政府以公開競投方式購得，後被用作澳督府及立法會、諮詢會之開會地點。

澳督府建築物於 1849 年己酉年下元九運建成，由葡人余加利子爵負責興建，並由澳門土生葡人湯馬士建築師揉合歐亞建築精華而設計，整座建築物佔地四千六百平方米，樓高兩層，建築面積為一千八百平方米，以粉紅色作外牆，加上白色邊綫，莊嚴而有情，建築物大門有「玄關」，左右有白色方柱連頂蓋，顯得特別有氣派。

由於澳督府座落於略高之地，它的地界範圍均以麻石砌成，故此牆基堅固，圍牆之下是一綠化球場，連著公園及樹群，接著是民國大馬路（Avenida da Republic）順弓環抱，暗合吉祥風水。

由於因辦公地方不足，因此加建附屬建築物於後花園，正是其來龍之處。由於地形關係，前澳督府官邸正前方呈現一火嘴形（三角形）之花園，前右方有門，能通往下面之民國大馬路，但此門不常開放，平時只用官邸之青龍方（左方）大門作出入。

筆者繼大師於 2001 年辛巳年初往堪察，發覺澳特首辦官邸門前花園已修葺成順弓圓形石屎路。于 2015 年再次堪察，形勢有所改觀，花園前方已加建一六角亭作出口，並相連前方類似觀景臺的地區，自成一國，通道建有頂蓋，整個官邸範圍，包括前方尖角形外邊，均建在一個高出的平台上，頂蓋通道及六角亭，形成一個木形砂，連接三角形尖端上，形成一個箭形的官星，略帶火煞，但暗合權貴，往前方平台邊，可瞭望整個海濱。

澳特首辦官邸正前方遠處海邊，其部份已用人工填成「西灣人工湖」，順弓環抱官邸，加建人工湖後本來是好的，但在湖壆左方加建一澳門觀光塔，塔高 338 米，是亞洲第四高塔，這對於現今之澳特首辦官邸略有尖尅，若然建於官邸前方青龍邊（左邊）則更佳，一則避開沖尅，二則增助官邸的威勢。新建於西灣人工內海以西，代表中葡友好之融和門，若然建在略偏東面的位置，以澳督府來說，這樣的建築位置，則融和門及澳門觀光塔就是官邸的左右華表砂，守護着官邸。

論起澳門之來龍氣脈，其地點頗具優勢，澳門位于珠江三角洲南端，北連珠海、中山，北面為順德、南海、番禺、佛山、廣州及三水等市，在中山及珠海一帶，以近翠亨村之五柱山（530米）為最高之山脈，南下珠海近唐家有一山，高436米，是珠海市之祖山，再南下有「前山」至拱北。

關閘是澳門來龍氣脈之咽喉，關閘東面是珠江口，西面有鴨涌河，青洲是其護砂，現已填海，並連著澳門半島之筷子基，在望夏之山丘，正是來龍接脈之山崗，東望洋山至松山燈塔山崗是澳門市之主要護砂。

前澳督府之來龍由望夏經大炮臺山丘西南而下，至西望洋山為少祖山，又稱主教山，山上有聖母堂，整個西望洋山由聖母堂至近聖地牙哥酒店之媽閣山，兩端均是較高之山崗，而前澳督府之來龍氣脈，就是在西望洋山中間落脈，聖母堂及媽閣山是其護砂，西望洋山中間所出之脈並不明顯，是垂頭而下，微微拋出，脈落至一平崗上，就是澳督府現址之處。

西望洋山與媽閣山是相連的，從南灣填海區遠觀，就像一隻活生生之大鵬鳥，其形狀是雙翅展開，頭向下，有俯衝之勢。筆者繼大師形容它正是：

大鵬展翅丹頂穴。澳特官邸地靈結。

由於前澳督府後山臨海，後面之近方靠山低，但後山內海北面對岸之珠海灣仔區，其群山高聳，成一大幛，正是前澳督府之樂山，可補近靠之不足。

筆者繼大師現述說其好處如下：

（一）前澳督府面臨內海，戌山辰向正針，前朝氹仔、路環兩島，真氣聚於外明堂內海，玄武、朱雀、龍、虎四獸齊備。

（二）有來龍脈氣，中間落脈，龍氣緩聚，級級而下，內堂適中，中堂環抱，外堂廣潤。

（三）大八字水在外，界水分明，龍虎守護，氣脈中正，有氣有脈，藏風聚氣。

明**《李默齋秘缺》〈闢徑集 — 第二集〉〈論氣脉〉**（集文書局印行 — 第 12 頁）中有云：

澳門特首官邸

官邸內堂拖出火嘴

澳門特首官邸青龍砂為主教山

澳門特首官邸左前方之觀光塔

澳門特首官邸正後靠珠海灣仔山群

「氣無形。脉無形。而無形即寓於有形之中。故龍神成出帳。或度峽。其間有分水正脊者。此行龍之脉也。而所以運于是脉之中者氣也。龍行到頭略露一線。分水正脊者。此受穴之脉也。而所以運于是脉之中者。真氣也。脉行而風乘之。則正氣不行。謂之有脉無氣。脉行而水劫之。則氣脉俱絕。謂之無氣無脉。此氣之有無。不可不察也。」

筆者繼大師對此段〈論氣脉〉之見解如下：

（甲）並不是每逢有山脈由高處而落下，就有山脈龍氣，氣是無形，它的「靈能」由山脈在行進間而表現出來，懂得看地之地師，一看便知是否真龍落脈。

（乙）有脈並不表示有氣，有脈有氣之行龍，必定有界水在兩邊，中間正脊落脈，氣行於中。若脈行於邊，只作護龍之山脈看，即是護砂，亦即是有脈無氣之山脈。

以上之論氣脉，其重點在於：

「分水正脊者。此受穴之脉也。」

尋龍點穴之重點在於確認氣脈之真偽，龍穴必結在有真氣真脈之處，必須有明師上山親自指點始能認出，而讀堪輿書籍只是幫助學者明白多點道理吧！

（四）前澳督府官邸前有一平地花園，雖是人工修造而成，但暗合風水之理，陽宅或陰宅結穴，在山岡龍法上說來，大多氣脈由高而下，在結穴處多有平地，地理家稱「唇托」。正如元朗鄧氏祖墳之一「荷葉伏龜」一穴，前有平地一大塊，是謂「荷葉形」，此即是「唇托」，其功能是將山龍來氣兜截，止於穴前，被穴所受用，是為內明堂。

此人工花園正是前澳督府之氈唇，為面前明堂，氣聚於此，融結生氣，可惜這人工花園是火形，其三角尖形向出，再在尖嘴中連接一木形有蓋的行人通道，而成箭尖，難免容易以口傷人，這是在風水地理上之小缺點，若然以人工修造，以五行之形化之，則火煞為我所用，即可成面前之官星。

由於前澳督府兩傍有界水由上而下，兩水在前相滙，形成前方有尖嘴，看似人工築托修葺，而成火煞地形。由夏靜泉地師著**《地學精華》〈九篇〉**之最後一篇**〈論毬簷唇尖〉**有云：

「穴後起頂如繡毬之圓者曰毬。巒頭是也。毬下橫直如房簷之滴斷者曰簷。坎楞（註）**是也。穴前吐出如嘴唇之兜收者曰唇。又曰胎元。餘氣是也。頂上分水從兩旁界到簷下。當中而合者曰尖。又曰三叉。如鏵頭之向外是也。故古人點穴。上枕圓。下對尖。坐朝之法。其義盡矣。」**

此〈論毬簷唇尖〉一文，簡直說得非常透徹，現筆者繼大師解釋其重點如下：

（甲）穴後靠有穴星，最好屬圓金形，像繡毬形。

（乙）穴星落脈與略平之地中間，是略為凹陷，界水必在其中，故用屋簷滴水作比喻。

（丙）穴前之平地而兜收真氣為穴所受用，是龍脈之餘氣，孕育著吉穴，故又稱「胎元」。

（丁）穴兩邊界水由頂脊分開，兩旁而下作龍虎，雙水在穴前相交，合而流出穴外，其形多是尖，三條界水相連，即是城門三叉水。

以上所說，即是結穴之法，陽宅重於生氣，陰宅重於地氣，但若結穴範圍大，則是陽宅結穴之地，雖有陰陽宅之別，但結作之法是相同的。

現今學風水之人，常言謂：「我只精於陽宅風水，不作陰宅造葬。」哈哈！其實風水結穴之理，豈有陰陽之別呢！若是政府首長之陽宅，如非建在有地靈結穴之處，如何能管治國家社會，恐怕容易發生動亂呢！

澳門特首官邸除面前明堂拖出尖嘴外，還有一缺點，若以一個城市來說，要修改並非難事。最難的，就是能找到明師設計，官員又能否相信，更要低調地去修造，免受社會輿論非議。在擇師方面，是極難之事，行運的地方，必遇明師，若是失運，多遇時師。

看來，最好之法，就是恢復中國歷代之作法，設立國師之職位，以堪輿之道，配合現代拓展計劃，配合地方發展，用於未來建設之取向，以風水輔助，可利益人民。

前澳門特首官邸之另一缺點，就是朝案不足，若然施以人工案山，有情地朝向官邸，則完美得多了。官邸前之人工湖，因為人為因素，不意之間，作出了錯誤的改動，以致在回歸前發生諸多凶事，影響治安，良可嘆也。

由高空向西灣人工湖望去，其人工湖之平面，形狀像一把點四五手槍，槍頭正向西洋街與民國大馬路相交之處，難怪在澳門回歸前，賭場疊碼仔的槍擊凶殺案件特多。

但無論如何，前澳特首官邸之地點，地靈之氣是非常旺盛的。

寫一首歌曰：

大鵬展翅俯衝勢
穴結頂上火嘴生
若然剪火化官星
加添朝案威力增

觀光塔
融和門
弄作華表官貴砂

人工湖

點四五

短槍改作金星體

氹仔路環作朝山

背靠群峰是灣仔

主教媽閣龍虎砂

官邸興旺與天齊

繼大師註：坎楞 —— 坎者凹陷也，楞者（楞音陵）棱角或固定不變之地方，即凹陷之位。

《本篇完》

（十一）汕頭韓文公祠

繼大師

韓愈人稱韓昌黎，又稱韓文公（768年 — 824年），原籍河北昌黎，公元819年被貶至潮州僅七個多月，同年十月韓愈調至袁州（今江西宜春）為刺史，五年後病死於長安。

在唐朝元和十四年（公元819年），唐憲宗李純迎請釋迦牟尼佛的佛指骨舍利入長安法門寺供奉，當時為刑部侍郎的大文豪韓愈先生，極力反對，上《論佛骨表》（諫迎佛骨文）給皇帝，引起殺身之禍，被憲宗下令處死，幸好宰相裴度及各大臣等人求情，後改貶為廣東潮州刺史，把中原文化帶入嶺南，辦教育建學校，命人把鱷江內所有的鱷魚用毒箭殺之，並作《祭鱷魚文》，使鱷魚絕跡，不再傷害人民，貢獻良多，鄂江改為韓江，被潮州人奉為神明。

他的姪兒韓湘子是八仙之一，為度化其叔，見面時寫一首詩給韓愈曰：**「一封朝奏九重天。夕貶潮陽路八千。本為聖朝除弊政。敢將衰朽惜殘年。雲橫秦嶺家何在。雪擁藍關馬不前。知汝遠來應有意。好收吾骨瘴江邊。」**韓愈在被貶潮州行至藍關時，剛下大雪，馬不能前，應驗了韓湘子之詩句。

韓文公祠有三處地方，一為韓愈的家鄉河南孟州，二為河北昌黎城北的五峰山上，後遷至城縣，三為韓愈曾任刺史的廣東潮州，最初由潮州通判陳堯佐在金山麓夫子廟正室東廂辟建「韓吏部祠」，後遷至城南七里，南宋淳熙十六年（1189年）知軍州事丁允元將韓公祠遷至今址。

韓文公祠現址位於廣東潮州市湘橋區韓江東岸筆架山中峰西麓，筆架山又稱「東山」，因建韓公祠於此地，故又名「韓山」，「筆架山」顧名思義，此山形如筆架，韓公祠正位於筆架山中間落脈處範圍，甲山庚向兼卯酉，面對韓江。韓江是中國東南區流入南海而比較長的河流之一，全長470公里，古稱「員江、惡溪」，後稱「鄂溪」。

韓江流域範圍涉及廣東、福建、江西三省，韓江上游由「梅江」和「汀江」匯合而成，梅江為主流，發源於廣東省近河源的紫金縣上峰，由西南向東北流經廣東省的五華、興寧、梅縣、梅州和大埔等地，在三河壩與汀江匯合。

汀江發源於福建省寧化縣的賴家山，由北向南流經福建省的長汀、武平、上杭、永定等縣和廣東省的大埔縣。梅、汀兩江匯合後稱韓江，由北向南流經廣東省的豐順（註）、潮安等縣，至潮州市進入韓江三角洲地區，分東、西、北溪流經汕頭市注入南海。（繼大師註：「豐順，就是廿世紀傳三元派劉仙舫著《元空真祕》的續傳者吳勵生地師之故鄉。）

各位讀者們想想，任何風水地，不離開山與水，筆者繼大師認為：**「水長則山脈源遠而來，水繞便是山纏，長遠則脈氣充足而厚。」**而韓公祠坐東向西，由1189年至今（2018年）已有829年歷史，它有一定的建築範圍，在未建祠時期的地貌，或是已經改變了不少。

韓文公祠朝山

韓文公祠前面平托

韓文公祠門樓

韓文公祠遠朝

繼大師註：韓文公祠在潮州市湘橋區韓江東岸筆架山中峯西麓，中間落脈，坐東向西，缺乏案山，正靠金形山峯，前有平托，山門不見韓江江水，門樓收遠山朝峯。

韓文公祠內韓愈坐像

韓文公祠正靠韓江邊的筆架峰

韓文公祠正靠筆架峰中間金形山峰

筆者繼大師不能窺探它的原貌地形，但總覺得有一點不是像真結的樣子，筆者個人認為韓公祠的地點選址略為陡斜，或者是風水師貪其面前內堂深廣、遠方堂局開陽及景觀美麗而忽略了來龍地脈之陡斜，依照整體地勢推斷，在入口門樓地方，應該會有一略高出的橫脈關欄着，或許為使內堂深廣而被削平，這真的不得而知了。

此地亦是半天然半人工打造的風水地，然而祠前右倒左水，水流由西北向東南流，祠堂仍然可以收得部份逆水，亦是以「得水為上」為吉祥風水的原則。

筆者繼大師認為此祠有兩處少許缺點如下：

（一）祠前缺乏案山（穴前橫放的山脈），幸好面前有很深的平托。

（二）由於穴前右倒左水，祠之左方青龍邊缺乏有力的護砂，青龍為下關砂，幸好種有高樹補救，不致下關完全空蕩。

韓公祠坐東向西，正靠筆架山中間之山峰，左右有龍虎砂脈守護，位置在筆架形山中間落脈處，其地點雖然不算高，但形勢略為陡斜，建有石梯五十多級，雖然的穴處結得不夠真，但亦能沾些脈氣，韓公祠面前約有兩層樓高的下方，前後約有百多米深的平地作為它的明堂，以凝聚生氣。

山門入口門樓建在明堂之外邊，正對韓江，可以望見整個平地大局，韓江由北向南流，以韓公祠來說，為右倒左水，因韓江水流源遠流長，故生氣亦源源不絕。

在韓公祠的門樓處向正前方看，下方可見潮州市內的建築物，潮州市為它的外明堂，遠方有一朝山，雖然山前左邊有高樓大廈遮擋着，但主要山峰還是看見的，門樓正正朝向着最高圓頂山峰，形似文筆峰，高約270米，山峰對稱地左右緩斜向下伸延，山峰之左右為玉滘鎮及登塘鎮，門樓收峰主貴。

韓公祠建在筆架山上（黄田山），紀念大文學家，四週地物都非常匹合，只可惜入口改在左邊小門進入，主要門樓鎖上鐵閘，未能正收前方貴峰。筆者繼大師認為點選此地的知軍州事丁允元先生必定懂得風水，或是他請了明師點地選祠。

無論如何，韓公祠都是一塊難得的風水地，雖祠內是供奉聖賢之所，但總覺得它附着一些陰沉之氣，若然另加建一廟，內供奉文昌帝君，相信會更為圓滿。

《本篇完》

（十二）老司城祠堂的祭祀及風水

繼大師

在偶然一個機會下，筆者繼大師去了湖南 — 湘西 — 老司城旅遊，為湘西土家族苗族自治州 — 永順縣，苗族人所聚居之地，近張家界市西南約百二公里，戰國時代為楚國屬地，彭姓人氏居多，歷代均為自治區，由土王帝管治，有高度的自主權，明代後期，土司所治地方遷移到了以北的顆砂地區，稱作「新司城」，原址則被稱為「老司城」，直至清、雍正皇帝時代，開始直接歸為中央管治，取消了土王帝的特權。

老司城遺址位於中國湖南省西北面，湘西土家族苗族自治州 — 永順縣 — 靈溪鎮 — 靈犀河畔，原址已經荒廢，一片綠草。老司城遺址由一個大平頂兩邊起角的山丘一級級緩平而下，有兩片落脈，均闊大，在右邊的落脈（白虎方）約有二百米濶，現已成為梯田，左邊（青龍方）約五十米濶，為中間的主脈，老司城的彭姓祠堂，就正正建於主脈落脈之上，主脈略低，白虎脈略高，青龍方有三層山脈守護，水由右倒左，右方來水，去水方之下關砂有重重山脈。

祠堂坐於主脈之上，後靠高聳略圓金形頂的主星，左右兩邊平均掰開伸出，甚為有情，後方大幛山嶺由三個圓金形相連的山峰組成，連主星共有四個山峰，為水形星行龍（兩金相連便成水）。

據筆者繼大師所認知，水形星主出智慧高的人，左邊去水方山峰高聳，三層青龍護砂，近低遠高，最重要的，就是靈犀河彎環順弓兜抱，把整個老司城遺址包圍著，河水彎曲有情，遺址在整個潤大的山丘中及下方緩下，至河邊出現一片沙石平地，為河流流水堆積所成。

遺城緩緩斜落，為祠堂之白虎砂。祠堂艮山坤向兼丑未，祠堂的青龍砂及河水對岸岸邊，有北辰羅星三個，（「**北辰」者出水口岸邊的高聳石山**，「**羅星」者水口砂的統稱**。）兩個北辰在對岸邊，一個在青龍方作下關砂，兜收右方來水，雖然北辰是石山，但只是中間露出少許石塊，週邊全被樹木所遮蓋，前面朝山高聳，金、火、土形峰均有，遠方有無盡的山來朝。

整個老司城村落，地方不大，但特別有靈氣，村莊由白虎後方的靈犀河「艮」方來水，轉入「巽」方，橫過遺城，再向「午」方兼「丁」方而去，此節水末端，建有一橋，攔截河流的生氣，再屈曲去

老司城祠堂白虎砂

老司城祠堂背靠來脈，青龍砂作下關砂守護。

老司城祠堂前朝平土倉庫山

老司城祠堂

面前右倒左水，羅星為逆水下關砂。

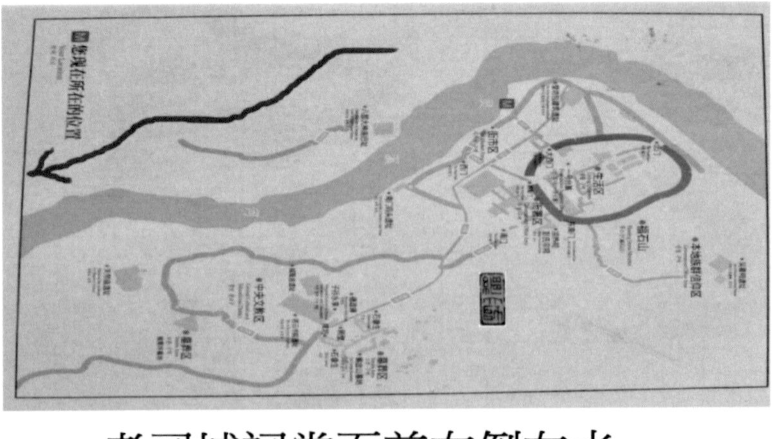

老司城祠堂面前右倒左水

「巽辰」方，然後往「丁」方、「辰」方及「午」方而去，再走「卯」方、「巳」方而遠去。此段水流，已經在老司城村的邊緣範圍。筆者繼大師曾讀楊筠松祖師著**《撼龍經》**（《廖注撼龍經》廖平注，武陵出版社印行第 31 頁。）其中說：

「行到平洋莫問蹤。但觀水繞是真龍。」

雖然這地不是平洋地，但其道理是相通的。筆者繼大師在勘察期間，適逢彭氏後人回鄉祭祀，老司城族人祠堂的祭祀時間為聖誕節平安夜，陽曆 2018 年 12 月 24 日下午 2 時正，四柱日課八字為：

戊戌 年
甲子 月
庚寅 日
癸未 時

此日課為天上三奇「甲戌庚」，祠堂坐山為「艮山兼丑」，以正五行擇日法的「雙山五行」來說，「艮寅、癸丑」的貴人同屬一山，因為坐山兼「丑」，相差半個山，貴人只在側邊，還欠那些子，但是他們選擇「癸未」時，日課年、月、日之「天上三奇」齊到「未」時，相信是由擇日明師所選，而祠堂又建於風水吉地上。

他們族人人口眾多，在南宋（公元 1127 年）開始至今，至少達 891 年歷史，他們的祠堂，至今還有後人回來祭祀，已經算不錯了。據筆者繼大師所瞭解，這莫不與他們將祠堂建於風水地上有關，証明他們使用風水五行之術去建設祠堂，助旺族人，風水陰陽五行學說，對中國各地部落的興盛有着極大關係，對於文化的延續，功不可沒。

《本篇完》

後記

繼大師

人類集居之地，聚會成鄉村、市鎮、縣城、市邑，乃至首都城市，眾多陽居之中，包括鄉村平房屋及高樓大廈，同處於平地垣局之上，這就是三閉一空的口訣。加上城市所在的位置，其水流方向及山巒，當中有城市街道規劃的方向。

通常在四正方向（東、南、西、北）或四隅方向（東北、東南、西北、西南），元運較為長久，造就出城市的持久繁榮興盛。繁榮的因素，除了山環水抱外，最重要的就是樗里子著**《風水口義》**所說：

「凡山川。以得水藏風為主。」（《珍藏古本堪輿秘笈奇書》士林出版社 685 — 693 頁）

這「得水」是關鍵之所在，大城市都會雖觀其來龍地脈，其實看水流的方向，即知龍行的路線，兩者息息相關。山脈地勢圍繞一片廣闊平坦大地，有大湖在其中，三面環山，一方略低，就是人類聚居的城市。

各位讀者想想，如果城市都會中沒有一條頗大的屈曲水流，亦沒有大湖或內海在其中，只是一個垣局城市，除了在觀感上有所欠缺之外，生氣不能籍着水流帶入城市中的湖或海之中而凝聚，故此類城市在經濟上比較有水流及大湖的垣局城市較遜色一點。

在改造城市風水的秘訣上，學者必須要熟習吉祥風水的基礎和原則，看山巒形勢、水來、水去，何處不足的地方，則加以修改，非一朝一夕便能知曉，當中亦有元運管局的限制，是先天生成，人為的修改有限，除非因緣具足，否則難以改變。

此書是筆者繼大師在陽居都會風水的第三部著作，祈望透過此本**《都會陽居風水精義》**，分析城市、都會、區域、陽居及祠堂等格局，能令讀者更清楚明白垣局風水的邏輯及學理，閱後能有所得着。

繼大師寫於香港明性洞天

癸卯孟夏吉日

榮光園有限公司出版 —— 繼大師著作目錄：

已出版：正五行擇日系列

一《正五行擇日精義初階》 二《正五行擇日精義中階》

風水巒頭系列 － 三《龍法精義初階》 四《龍法精義高階》

正五行擇日系列 － 五《正五行擇日精義進階》 六《正五行擇日秘法心要》

七《紫白精義全書初階》 八《紫白精義全書高階》 九《正五行擇日精義高階》 十《擇日風水問答錄》

風水巒頭系列 － 十一《砂法精義一》 十二《砂法精義二》

以下是線裝書系列：

擇日風水系列 － 十三《擇日風水尅應》 十四《風水謬論辨正》

風水古籍註解系列 － 十五《三元地理辨惑》 馬泰青著 繼大師標點校對

十六《三元地理辨惑白話真解》馬泰青著 繼大師意譯及註解

風水巒頭系列 － 十七《大都會風水祕典》 十八《大陽居風水祕典》

三元卦理系列 － 十九《元空真祕》原著及註解上下冊（全套共二冊）劉仙舫著 繼大師註解

風水祖師史傳系列 － 二十《風水祖師蔣大鴻史傳》

三元易盤卦理系列 － 廿一《地理辨正疏》蔣大鴻註及傳姜垚註 張心言疏 繼大師註解（全套共上下兩冊）

廿二《地理辨正精華錄》

大地遊踪系列 － 廿三《大地風水遊踪》 廿四《大地風水神異》

廿五《大地風水傳奇》與 廿六《風水巒頭精義》限量修訂版套裝（廿五與廿六全套共二冊）

正五行擇日系列 — 廿七《正五行擇日精義深造》

風水古籍註解系列 — 廿八《千金賦説文圖解》—（穴法真秘）— 劉若谷著 繼大師註解

風水巒頭系列 — 廿九《都會陽居風水精義》

未出版： 卅《水法精義》

風水祖師史傳系列 — 卅一《風水明師史傳》

大地遊踪系列 — 卅二《風水秘義》 卅三《風水靈穴釋義》

卅四《大地墳穴風水》 卅五《香港風水穴地》 卅六《廟宇風水傳奇》 卅七《香港廟宇風水》

卅八《港澳廟宇風水》 卅九《中國廟宇風水》

三元卦理系列 — 四十《三元地理命卦精解》

風水古籍註解系列 — 繼大師註解

四十一《青烏經暨風水口義釋義註譯》

四十二《管號詩括暨葬書釋義註解》 四十三《管氏指蒙雜錄釋義註解》

四十四《雪心賦圖文解義》（全四冊）

榮光園有限公司簡介

榮光園以發揚中華五術為宗旨的文化地方，以出版繼大師所著作的五術書籍為主，首以風水學，次為擇日學。

風水學以三元易卦風水為主，以楊筠松、蔣大鴻、張心言等風水明師為理氣之宗，以巒頭（形勢）為用，擇日以楊筠松祖師的正五行造命擇日法為主。

為闡明中國風水學問，用中國畫的技法劃出山巒，以表達風水上之龍、穴、砂及水的結構，以國畫形式出版，亦將會出版中國經典風水古籍，加上插圖及註解去重新演繹其神韻。

日後榮光園若有新的發展構思，定當向各讀者介紹。

作者簡介

出生於香港的繼大師，年青時熱愛於宗教、五術及音樂藝術，一九八七至一九九六年間，隨呂克明先生學習三元陰陽二宅風水及正五行擇日等學問，於八九年拜師入其門下。

《都會陽居風水精義》　繼大師著

出版社：榮光園有限公司 Wing Kwong Yuen Limited
香港新界葵涌大連排道35 - 41號, 金基工業大厦12字樓D室
Flat D, 12/F, Gold King Industrial Bldg. , 35-41 Tai Lin Pai Rd,
Kwai Chung, N.T., Hong Kong
電話：(852) 6850 1109
電郵：wingkwongyuen@gmail.com
發行：聯合新零售(香港)有限公司 SUP RETAIL (HONG KONG) LIMITED
地址：香港新界荃灣德士古道220～248號荃灣工業中心16樓
16/F, Tsuen Wan Industrial Centre, 220-248 Texaco Road, Tsuen Wan, NT, Hong Kong
電話：(852) 2150 2100
電郵：info@suplogistics.com.hk
印刷：榮光園有限公司 Wing Kwong Yuen Limited

作者：繼大師
繼大師電郵：masterskaitai@gmail.com
繼大師網誌：kaitaimasters.blogspot.hk

《都會陽居風水精義》繼大師著
定價：HK$500-
版次：2023年7月第一次版

9789887682615